DIREITO DO URBANISMO
CASOS PRÁTICOS RESOLVIDOS

FERNANDA PAULA OLIVEIRA
DULCE LOPES
(Assistentes da Faculdade de Direito de Coimbra)

DIREITO DO URBANISMO
CASOS PRÁTICOS RESOLVIDOS

2.ª Reimpressão da edição de Janeiro 2005

DIREITO DO URBANISMO
CASOS PRÁTICOS RESOLVIDOS

AUTORAS
FERNANDA PAULA OLIVEIRA
DULCE LOPES

EDITOR
EDIÇÕES ALMEDINA. SA
Av. Fernão Magalhães, n.º 584, 5.º Andar
3000-174 Coimbra
Tel.: 239 851 904
Fax: 239 851 901
www.almedina.net
editora@almedina.net

PRÉ-IMPRESSÃO I IMPRESSÃO I ACABAMENTO
G.C. GRÁFICA DE COIMBRA, LDA.
Palheira – Assafarge
3001-453 Coimbra
producao@graficadecoimbra.pt

Outubro, 2010

DEPÓSITO LEGAL
220309/04

Os dados e as opiniões inseridos na presente publicação
são da exclusiva responsabilidade do(s) seu(s) autor(es).

Toda a reprodução desta obra, por fotocópia ou outro qualquer
processo, sem prévia autorização escrita do Editor, é ilícita
e passível de procedimento judicial contra o infractor.

Biblioteca Nacional de Portugal – Catalogação na Publicação

OLIVEIRA, Fernanda Paula, 1967-

Direito do urbanismo : casos práticos resolvidos / Fernanda
Paula Oliveira, Dulce Lopes. – 2ª reimp. - (Guias práticos)
ISBN 978-972-40-2408-0

I – LOPES, Dulce, 1977-

CDU 349
    378

NOTA DAS AUTORAS

A presente publicação tem como destinatários, em especial, os nossos alunos dos Cursos de Licenciatura em Direito e Administração Pública da Faculdade de Direito da Universidade de Coimbra e da Pós-Graduação em Direito do Ordenamento, do Urbanismo e do Ambiente do CEDOUA, também desta Faculdade.

Naturalmente, porque sem eles não existiríamos nesta nossa função, é deles que contamos com uma utilização mais fiel deste trabalho, tendo a sistemática aqui perfilhada seguido, no essencial, o programa adoptado nas aulas teóricas preleccionadas pelo Professor Doutor Fernando Alves Correia.

Porém, a nossa intenção é a de podermos igualmente ser úteis a um público mais vasto — aquele que, sendo ou não jurista, se (pre)ocupa com as questões urbanísticas. Por isso, os casos práticos que aqui são disponibilizados contam com breves notas de enunciação das soluções que julgamos mais adequadas a cada um, não obstante os mesmos poderem — uns mais do que outros — estar abertos a soluções diferenciadas. É assim o direito, especialmente o direito do urbanismo!

Advirta-se, ainda, que, apesar da sistematização adoptada, a interligação entre os institutos e procedimentos chamados à colação para a resolução de questões jurídico-urbanísticas, dificulta uma separação estanque das hipóteses práticas entre si. Deste modo, a divisão seguida servirá propósitos essencialmente pedagógicos.

Dos núcleos temáticos sobre os quais nos debruçamos, incidimos, particularmente, sobre a matéria de planeamento, na medida em que é esta, pela novidade e insuficiente tratamento jurisprudencial, que mais dúvidas tem levantado na prática urbanística.

Por fim, esclareça-se que, embora alguns dos enunciados correspondam a exemplos de escola, a maior parte dos casos que seleccionámos têm subjacente situações reais com as quais, a títulos vários, nos fomos confrontando na nossa actividade profissional. Prova clara que é da vida que vive o Direito.

Coimbra, Novembro de 2004

Fernanda Paula Oliveira
Dulce Lopes

P.S: Se pelo leitor não for encontrada outra utilidade neste livro, que lhe sirva, pelo menos, como auxílio na escolha do nome dos seus futuros filhos ou empresas.

ABREVIATURAS

LBPOTU – Lei de Bases da Política de Ordenamento do Território e de Urbanismo, aprovada pela Lei n.º 48/98, de 11 de Agosto;

CE – Código das Expropriações, aprovado pela Lei n.º 168/99, de 18 de Setembro e alterado pela Lei n.º 13/2002, de 19 de Fevereiro;

CPA – Código do Procedimento Administrativo, aprovado pelo Decreto-Lei n.º 442/91 de 15 de Novembro e alterado pelo Decreto-Lei n.º 6/96, de 31 de Janeiro;

CPTA – Código de Processo nos Tribunais Administrativos, aprovado pela Lei n.º 15/2002, de 22 de Fevereiro e alterado pela Lei n.º 4-A/2003, de 19 de Fevereiro;

CRP – Constituição da República Portuguesa;

CRPred – Código de Registo Predial;

RJIGT – Regime Jurídico dos Instrumentos de Gestão Territorial aprovado pelo Decreto-Lei n.º 380/99 de 22 de Setembro e alterado pelo Decreto-Lei n.º 310/2003, de 10 de Dezembro;

RJUE – Regime Jurídico da Urbanização e Edificação, aprovado pelo Decreto-Lei nº 555/99, de 16 de Dezembro e alterado pelo Decreto-Lei n.º 177/2001, de 4 de Junho.

I
SERVIDÕES E RESTRIÇÕES DE UTILIDADE PÚBLICA

Caso prático n.º 1: "Flower Power"

O Decreto-Lei nº 93/90, de 19 de Março estabeleceu o Regime da Reserva Ecológica Nacional (REN), definindo transitoriamente as áreas aí compreendidas até que fosse publicada a Portaria conjunta de delimitação definitiva das áreas a integrar na mesma.

Em 14 de Setembro de 1996, a Sociedade Urbiflor, S.A apresentou um projecto de loteamento e respectivas obras de urbanização para licenciamento, tendo o mesmo sido deferido por deliberação da Câmara Municipal de 16 de Julho de 1997 e emitido o respectivo alvará.

Posteriormente, por Resolução do Conselho de Ministros, foi delimitada a Reserva Ecológica Nacional daquele Município, na sequência da qual a Câmara Municipal determinou a suspensão parcial da eficácia da licença do loteamento, por entender que um certo número de lotes estavam integrados em zona da Reserva Ecológica Nacional. Tal suspensão deve manter-se, no entendimento desta Câmara, até que se proceda à revisão daquela.

Questão:

Considera correcta a posição da Câmara Municipal X ao defender que o regime da Reserva Ecológica Nacional se aplica à situação descrita no enunciado, devendo o respectivo titular iniciar um procedimento de revisão da delimitação da mesma na zona do loteamento?

Solução:

1. Os bens integrados em zonas da Reserva Ecológica Nacional encontram-se, em função das suas características específicas, sujeitos a um regime especial particularmente restritivo no que se refere à possibilidade de realização de operações urbanísticas.

2. Trata-se de restrições de utilidade pública, que introduzem limitações ao direito de propriedade em função da realização de interesses públicos abstractos — no caso, a protecção do ambiente.

3. No que se refere à configuração jurídica do acto de delimitação da REN, a nossa jurisprudência administrativa pronunciou-se já no sentido de que ela reveste a natureza regulamentar (Acórdão do Supremo Tribunal Administrativo de 4 de Julho de 2002, Processo n.º 46273).

4. Com a entrada em vigor do RJIGT, apesar de não se negar a referida natureza, tem-se discutido se se deve considerar esta tradicional restrição legal ao uso do solo como um normativo imediatamente aplicável, ou se não deverá antes a mesma ser incluída na categoria dos planos sectoriais. De facto, nestes integram-se *"os regimes territoriais definidos ao abrigo de lei especial"* [artigo 35.º, n.º 2, alínea b)].

5. Uma opção por esta segunda hipótese, que nos parece ser a mais razoável em face do próprio texto da lei e da intenção do legislador — que foi a de limitar os instrumentos urbanísticos directamente vinculativos dos particulares, evitando a profusão de regimes jurídicos dispersos que lhes fossem oponíveis, com prejuízo para a protecção da sua confiança na aplicação de um quadro normativo global e tendencialmente coerente — tem como consequência imediata a reponderação da eficácia jurídica do acto que delimita a REN.

6. Assim, esta delimitação apenas poderia ser oposta ao particular se absorvida por um instrumento de gestão territorial dotado de eficácia plurisubjectiva, geralmente um plano municipal de ordenamento do território que, caso exista, terá de ser alterado em conformidade através de um procedimento de alteração de carácter simplificado [cfr. 97.º, n.º 1, alínea b) do RJIGT].

7. Caso tal se tenha verificado — e pretendendo a câmara municipal a aplicação daquelas restrições à situação jurídica resultante do loteamento anteriormente licenciado — terá de promover, por sua iniciativa, uma alteração da licença de loteamento, nos termos do artigo 48.º do RJUE, havendo, nestes casos, lugar ao pagamento de indemnização de eventuais prejuízos aos interessados (n.º 4).

8. Tal alteração é necessária na medida em que, de outro modo, terá de prevalecer a situação jurídica tal como foi definida na licença de loteamento. É que a validade dos actos administrativos afere-se pela lei vigente à data da respectiva prática (artigo n.º 67.º do RJUE), sendo certo que, no caso em apreço, à data da concreta delimitação da REN o loteamento havia sido já licenciado e emitido o respectivo alvará. Assim, e em princípio, a subsistência deste acto não é afectada pela aprovação superveniente da delimitação da REN.

9. Caso tal não se tenha verificado, isto é, não tendo a REN sido integrada em plano municipal de ordenamento do território, não pode a câmara promover a alteração do loteamento prevista no artigo 48º do RJUE, que apenas pode ser invocado em caso de execução de instrumentos urbanísticos com eficácia directa relativamente aos particulares.

Doutrina:

— Fernanda Paula OLIVEIRA, "Coordenar e concertar, em vez de mandar", Anotação ao Acórdão do STA de 12 de Dezembro de 2002, Proc. 046819, 2ª Subsecção do CA, in *Cadernos de Justiça Administrativa* N.º 39, 2003, p. 24.

— Fernando Alves CORREIA, *Manual de Direito do Urbanismo*, Vol. II, Coimbra, Almedina, 2004, p. 223 e ss.

Actos normativos:

— RJIGT.
— Regime Jurídico da Reserva Ecológica Nacional, aprovado pelo Decreto-Lei n.º 93/90, de 19 de Março, alterado sucessivamente pelos Decretos-Leis n.º 316/90, de 13 de Outubro, 213/92, de 12 de Outubro, 79/95, de 20 de Abril e 203/2002, de 1 de Outubro.

Jurisprudência:

Acórdão do Supremo Tribunal Administrativo de 4 de Julho de 2002, Processo n.º 46273.

NOTAS DO LEITOR:

Caso prático n.º 2: Boavida na Quinta do Chafariz

Por Decreto datado de 1979, foi classificada como monumento nacional a cerca envolvente da "Quinta do Chafariz" pertencente a António Boavida.
    O artigo 43.º da Lei n.º 107/2001, de 8 de Setembro, que estabelece as bases da política e do regime de protecção e valorização do património cultural, determina que aquela classificação tem como consequência automática a fixação de uma *zona geral de protecção* de 50 metros contados a partir dos limites externos dos bens classificados, no caso de não ter sido fixada uma *zona especial* para o efeito. Não tendo esta sido delimitada, veio a planta de condicionantes do respectivo Plano Director Municipal delimitar, a picotado, a zona de protecção da cerca classificada como monumento nacional, mas apenas do lado exterior da Quinta.

Questão:

Não tendo sido demarcada na planta de condicionantes a zona de protecção da cerca do lado interior da Quinta, questiona-se se a zona de protecção do monumento passou a incluir toda a Quinta (uma área superior a 55 hectares), ou se, pelo contrário, continua a existir apenas a zona geral de protecção, tal como é definida por lei, de 50 metros contados a partir de ambos os lados da cerca.

Solução:

1. Em Portugal a protecção do património cultural encontra-se submetida a um regime particular, de que se destaca, por um lado, a relevância constitucional conferida aos bens culturais e, por outro, a atribuição da responsabilidade quanto à sua protecção e valorização aos órgãos estaduais, às regiões autónomas, às autarquias locais e aos cidadãos.
2. A Lei do Património Cultural define um regime especial para a protecção e valorização dos *bens imóveis* pertencentes ao património cultural, que passa, essencialmente, pela sua *classificação*, que, em regra, não altera o tipo de propriedade

que sobre eles incide, nem implica a sua transferência (quando privados) para a propriedade pública.

3. Um aspecto especial que marca, de forma clara, o regime dos bens imóveis classificados é a criação de uma *zona de protecção* de 50 metros a contar dos limites exteriores do bem classificado que serve, essencialmente, para salvaguardar a *envolvente* do imóvel e respectivo enquadramento, prevendo-se ainda a possibilidade de criação de *zonas especiais de protecção*, estudadas caso a caso, de acordo com as características históricas, paisagísticas e topográficas de cada local em que se situem um ou mais bens imóveis classificados.

4. As zonas de protecção (de carácter geral ou especial) têm a natureza de *servidões administrativas negativas*, isto é, de encargos sobre os prédios situados nas zonas de protecção em proveito do bem cultural imóvel classificado, estabelecendo, por isso, um regime especial para os terrenos que se situem dentro dela, quase idêntico ao que vigora para os imóveis classificados.

6. No caso concreto em apreço, foi classificado como *monumento nacional*, a *cerca envolvente da Quinta*. Esta última (a quinta) não foi abrangida pelo acto de classificação, não se encontrando, por isso, sujeita ao regime específico aplicável aos bens classificados.

7. Realce-se não ter sido estabelecida qualquer zona especial de protecção do bem classificado, a que acresce não poder interpretar-se a ausência de delimitação pela planta de condicionantes do Plano Director Municipal da área de protecção da cerca do lado interior da Quinta como a criação de uma zona de protecção que a abranja na totalidade.

8. Isto porque a constituição de uma *zona especial de protecção* tem de ser submetida a um *procedimento específico* que termina com a emissão de um *acto administrativo* que, dado o seu carácter lesivo da esfera jurídica dos proprietários onerados, deverá cumprir com exigências procedimentais acrescidas, designadamente, o aviso público do respectivo início e a audição prévia dos interessados.

9. Acontece que, no caso em apreço, tal procedimento específico não foi desencadeado, limitando-se, assim, o plano, no que a este aspecto particular diz respeito, a fazer o levantamento e a inventariação da situação existente na sua área de intervenção, servindo a planta de condicionantes para identificar no terreno quais os bens que se encontram com classificação aprovada (ou, quando muito, em vias de o ser), sujeitos a regimes legais que não podem ser contrariados pelo próprio plano, sob pena de invalidade deste.
10. Assim, a planta de condicionantes do Plano Director Municipal, certamente por erro, apenas delimitou expressamente a zona de protecção da cerca de um dos seus lados (o lado exterior da Quinta), sendo, no entanto, este erro irrelevante em termos substantivos, na medida em que a planta não visou nem podia visar senão a *sinalização* de situações sujeitas a regime especial por força e nos termos da lei.
12. Conclui-se, pois, que, tal como resulta da lei, a zona de protecção do imóvel classificado, no que respeita ao interior da Quinta, é apenas a área de 50 metros contados a partir da cerca e não todos os 55 hectares que a constituem.

Doutrina:

— António Pereira da Costa, *Servidões Administrativas e Outras Restrições de Utilidade Pública*, Porto, Elcla Editora, 1992.
— Fernando Alves Correia, "Propriedade dos Bens Culturais – Restrições de Utilidade Pública, Expropriações e Servidões Administrativas", *Separata de Direito do Património Cultural*, INA, 1996.
— José Manuel Casalta Nabais, *Introdução ao Direito do Património Cultural*, Coimbra, Almedina, 2004.

Actos normativos:

— Lei n.º 107/2001, de 8 de Setembro.
— Decreto-Lei n.º 181/70 de 28 de Abril.

Notas do Leitor:

Caso prático n.º 3: Uma "Tacada" no Ambiente

No regulamento e na planta de ordenamento do Plano Director Municipal do município **X** está prevista a construção de um equipamento colectivo de grande relevo estratégico municipal numa zona que, de acordo com a planta de condicionantes, se integra na Reserva Ecológica Nacional (REN).

Por seu turno, também Marcolino da Conceição pretende ver aprovado, para uma área abrangida pela mesma Reserva Ecológica Nacional, a construção de um campo de golfe.

Questão:

Admitiria e, em caso, afirmativo, lançando mão de que mecanismos, as utilizações pretendidas pelo município e pelo Senhor Marcolino da Conceição?

Solução:

1. A delimitação da reserva ecológica nacional implica a sujeição a um regime imperativo de protecção de determinadas áreas, impondo regras estritas de ocupação e uso do território, proibindo "as acções de iniciativa pública ou privada que se traduzam em operações de loteamento, obras de urbanização, construção de edifícios, obras hidráulicas, vias de comunicação, escavações e destruição do coberto vegetal" (artigo 4.º, n.º 1, do Regime da REN).
2. Contudo, o mesmo diploma estabelece mecanismos que permitem a afectação de algumas dessas áreas para finalidades urbanísticas, que não de protecção ecológica à estrutura biofísica básica e diversificada, indispensável ao enquadramento equilibrado das actividades humanas.
3. Desde logo, é possível que, mesmo mantendo-se a delimitação da REN, possam ser admitidas operações urbanísticas ao abrigo do disposto no n.º 2 do artigo 4.º, correspondendo a actos de dispensa de aplicação desse mesmo regime.
4. Contudo, para que tal aconteça, é necessário que se preencha o pressuposto normativo de alguma dessas hipóteses legais,

no caso, tanto do empreendimento municipal como da construção do campo de golfe, a do disposto no artigo 4.º, n.º 2, alínea c), por se tratarem de acções de interesse público, como tal reconhecidas por despacho ministerial conjunto.

5. Este instruiria o processo de emissão do parecer prévio favorável da Comissão de Coordenação e Desenvolvimento Regional (CCDR) territorialmente competente que, de acordo com o n.º 4 do mesmo artigo, se presume ser favorável nos casos de silêncio da mesma, solução esta que se nos afigura criticável no âmbito de regimes jurídicos que tutelam interesses públicos fundamentais como o ambiental.

6. Note-se que, no âmbito do regime da Reserva Agrícola Nacional, aprovado pelo Decreto-Lei n.º 196/89, de 14 de Junho e alterado pelo Decreto-Lei n.º 274/92, de 12 de Dezembro, foi expressamente admitido que os campos de golfe declarados de interesse para o turismo, desde que não impliquem alterações irreversíveis da topografia do solo e não inviabilizem a sua eventual reutilização agrícola, podem ser admissíveis nessas zonas, desde que haja parecer prévio favorável das Comissões Regionais da Reserva Agrícola.

7. Outra alternativa seria a de desencadear o processo de desafectação da REN, o que seria, nos termos do artigo 3.º, n.º 1, competência do Conselho de Ministros, por Resolução, e que deveria ser acompanhado e devidamente conjugado com um processo de alteração do Plano Director Municipal para a área, de modo a haver uma eliminação de contradições entre regras jurídicas aplicáveis.

8. Para evitar esta solução, que implica que se desencadeiam procedimentos paralelos e a prática de actos contextuais — o de ratificação do plano e o de exclusão de áreas da REN, ambos por resolução do Conselho de Ministros —, o artigo 80.º do RJIGT admite que os planos directores municipais, não obstante a desconformidade com planos sectoriais, possam ser ratificados — implicando a alteração destes últimos, nos quais de acordo com o disposto no artigo 35.º, n.º 2, aliena b), se integra a definição da REN —, desde que tenham sido objecto de parecer favorável da entidade responsável

pela elaboração destes no âmbito da comissão mista de coordenação.

9. Consideramos que a solução preconizada por este artigo é positiva de um ponto de vista da simplificação procedimental e da flexibilização que introduz nas relações entre os planos, mas insuficiente pois não se compreende a possibilidade de a mesma apenas ter lugar quando esteja em causa a elaboração, alteração ou revisão de Planos Directores Municipais e já não dos restantes instrumentos de planeamento municipal.

Actos normativos:

— Regime Jurídico da Reserva Ecológica Nacional, aprovado pelo Decreto-Lei n.º 93/90, de 19 de Março, alterado sucessivamente pelos Decretos-Leis n.º 316/90, de 13 de Outubro, 213/92, de 12 de Outubro, 79/95, de 20 de Abril e 203/2002, de 1 de Outubro.

— Regime Jurídico da Reserva Agrícola Nacional, aprovado pelo Decreto-Lei n.º 196/89, de 14 de Junho e alterado pelo Decreto-Lei n.º 274/92, de 12 de Dezembro.

— RJIGT.

NOTAS DO LEITOR:

Caso prático n.º 4: O voo Escaldante do Milhafre

O terreno pertencente ao Senhor Josué Milhafre foi percorrido no verão quente de 2003 por um incêndio de grandes dimensões. Vendido o terreno ao seu irmão Leopoldino Milhafre nesse mesmo mês, este vem iniciar um procedimento de licenciamento de loteamento para a área.

Questões:

A) Poderá fazê-lo?

B) Imagine que, estando a área apenas abrangida por Plano Director Municipal, o Município deliberou a elaboração de um Plano de Pormenor de Intervenção Rural, no sentido de promover, de forma adequada, a reflorestação daquela área. Poderá fazê-lo?

Solução:

A)

1. Em virtude da frequência e gravidade da ocorrência de incêndios em Portugal, foram estabelecidas por lei medidas de ordenamento posteriores à ocorrência de incêndios florestais. Estas medidas visam a "reabilitação" das zonas degradadas, de forma a "garantir uma racional recuperação dos recursos, através de beneficiação agrícola e florestal de uso múltiplo, fomento e posição dos recursos cinegéticos" (artigo 15.º, n.º 3 da Lei de Bases do Ambiente).

2. A resposta legislativa a esta questão tem sido dada por intermédio do Decreto-Lei n.º 139/88, de 22 de Abril, que impõe a obrigatoriedade de rearborização dos terrenos percorridos por incêndios ao seu proprietário ou arrendatário, mediante comunicação ou autorização prévia, consoante esta operação seja feita com ou sem alteração do tipo e composição do povoamento preexistente, *"excepto quando esta não constituir a forma de utilização mais adequada dos terrenos em causa ou quando tal não lhe seja exigível, nomeada-*

mente face à situação económica em que se encontre" (artigo 1.º).
3. Também o Decreto-Lei n.º 327/90, de 22 de Outubro, alterado pelo Decreto-Lei n.º 34/99, de 5 de Fevereiro, prevendo, embora, a impossibilidade de realização de acções urbanísticas e outras em terrenos com povoamentos florestais não incluídos em espaços classificados em planos municipais de ordenamento do território como "urbanos, urbanizáveis ou industriais" ou em terrenos não abrangidos por planos municipais de ordenamento eficazes, pelo prazo de 10 anos após a ocorrência de incêndios, permite derrogações a esta regra, caso não haja, *comprovadamente,* relação entre a causa do incêndio e os interessados ou transmitentes.
4. Assim, em face desta legislação, bastaria que sobreviesse um despacho conjunto ministerial, emitido a pedido dos interessados — desde que estes o requeressem até um ano após a data da ocorrência do incêndio — e instruído com documento emitido pela Direcção-Geral dos Recursos Florestais, comprovativo de que o incêndio se ficou a dever a causas a que os proprietários ou transmitentes (neste caso apenas o Senhor Josué Milhafre) são alheios, para que o pedido de licenciamento pudesse ser considerado e decidido pela Administração municipal.
5. Caso tal não ocorresse, o acto de licenciamento que eventualmente viesse a ser praticado estaria ferido de nulidade, de acordo com o disposto no artigo 1.º, n.º 7, do Decreto-Lei n.º 327/90, de 22 de Outubro.
6. Ora, no acórdão do Tribunal Constitucional n.º 639/99, foi já decidido que as *normas cautelares* (que não de cariz sancionatório) previstas no n.º 1 e 2 do artigo 1.º deste diploma não enfermam de inconstitucionalidade, na medida em que não violam o conjunto de parâmetros de constitucionalidade invocados — os princípios da proporcionalidade, da igualdade, da justiça, da imparcialidade, da boa-fé e o princípio da confiança, inerente à ideia de Estado de Direito.

7. Contudo, como este acórdão não se debruçou sobre as soluções particulares deste diploma, duvidamos da legitimidade constitucional de o despacho conjunto previsto no artigo 1.º, n.º 4, ser emanado com base num documento emitido pela Direcção-Geral dos Recursos Florestais, uma vez que a imputação das responsabilidades pela ocorrência dos incêndios excede, em primeira (no caso do apuramento de responsabilidades criminais) e em segunda instância (naquele e também na hipótese de responsabilidade contra-ordenacional) o seu domínio material de atribuições.

B)

1. O artigo 1.º, n.º 4, do Decreto-Lei n.º 327/90, de 22 de Outubro complementa a obrigação de *non facere* (*imobilização*) enunciada, ao proibir que, no prazo de dez anos a contar da ocorrência do incêndio, não possam ser revistas ou alteradas as disposições dos planos municipais de ordenamento do território no sentido de admitir a ocupação urbanística dessas áreas.
2. Da mesma forma, o n.º 7.º deste artigo comina com nulidade quaisquer actos praticados em violação desta imposição.
3. Porém, o que se pretende com estas normas é evitar a propagação de fogos de mão criminosa, sobretudo em zonas em que a pressão urbanística se faz sentir de forma particularmente intensa, de tal modo que o *replantio* de espécies florestais e a sua substituição por outras, técnica e ecologicamente adequadas, não são proibidos.
4. Porém, esta rearborização deve ser integrada no âmbito de instrumentos de planeamento, tal como já decorre expressamente para as *áreas protegias* percorridas por incêndios (artigo 2.º do Decreto-Lei n.º 180/89, de 30 de Maio), o que corresponde a admitir a intenção municipal de aprovar um plano para a área com esta finalidade.
5. Dificultoso, porém, se torna saber qual o instrumento de planeamento que deve ser mobilizado para promover a reflorestação da área, já que na Resolução do Conselho de

Ministros n.º 178/2003, de 17 de Novembro de 2003, se prevê a criação de zonas de intervenção florestal (ZIF) prioritariamente aplicadas em zonas percorridas pelo fogo e submetidas a um plano de intervenção que revestirá carácter vinculativo, sem se qualificar qual será ele.

6. Nos termos específicos da legislação florestal e no âmbito dos *Planos de Ordenamento Florestal,* podemos distinguir: o Plano Nacional de Prevenção e Protecção da Floresta contra os Incêndios Florestais (previsto no artigo 4.º do Decreto-Lei n.º 156/2004, de 30 de Junho); os Planos Regionais de Ordenamento Florestal (PROF), que inscrevem o conteúdo típico previsto no artigo 5.º da Lei de Bases da Política Florestal; os Planos de Gestão Florestal, adoptados nos termos dos artigos 6.º e 7.º da mesma Lei — sujeitos respectivamente aos processos de elaboração, aprovação, execução e alteração previstos nos Decretos-Lei n.º 204/99, de 9 de Junho e 205/99, de 9 de Junho —; e os Planos de Defesa da Floresta, previstos no artigo 8.º do Decreto-Lei n.º 156/2004, de 30 de Junho, e regulamentados na Portaria n.º 573/2004, de 28 de Maio.

7. Sendo, porém, duvidosa a qualificação jurídica destes planos no âmbito da tipologia dos mesmos adoptada pelo RJIGT — em princípio revestem a forma de planos sectoriais, com as consequências daí decorrentes em matéria da respectiva eficácia jurídica —, somos de parecer que se deveria apostar na regulamentação efectiva da figura do *Planos de Intervenção em Espaço Rural* que, sendo Planos de Pormenor, revestem forma simplificada, nos termos do artigo 91.º, n.º 2, alínea a), do RJIGT.

8. Estes seriam dotados, indubitavelmente, de força vinculativa para todas as entidades chamadas a executar os mesmos, podendo, inclusivamente prever o reparcelamento ou emparcelamento das áreas florestais, de molde a torná-las geríveis para esse fim.

9. Na ausência, porém, de qualquer regulamentação destes Planos — que não nos parece ser suprível, ao contrário dos demais casos previstos no artigo 91.º, na medida em que

nem sequer os elementos que os constituem e alguns elementos que os acompanham se encontram definidos no RJIGT, para além de se tratar de figuras inovadoras no nosso ordenamento jurídico, não estando sedimentado o seu âmbito material de aplicação — consideramos defensável que se recorra à figura dos *Planos de Gestão Florestal*.

10. Estes podem ser considerados verdadeiros instrumentos jurídicos *sui generis* ou "actos-plano", sendo, em algumas hipóteses, de iniciativa e elaboração privadas e em que se integra uma componente muito importante de execução das suas disposições, determinando ainda o disposto no artigo 6.º, n.º 4 da Lei de Bases da Política Florestal, serem estes planos obrigatórios para os seus destinatários, podendo, inclusivamente, a autoridade competente subrogar-se a estes.

Doutrina:

— Dulce LOPES, "Regime Jurídico Florestal: A Afirmação de um Recurso", in *Revista do CEDOUA*, N:º 11, Ano VII, N.º 1, 2003, p. 59 e ss.

Actos normativos:

— Lei de Bases do Ambiente, aprovada pela Lei n.º 11/87, de 7 de Abril.
— Lei de Bases da Política Florestal, aprovada pela Lei n.º 33/96, de 17 de Agosto.
— Decreto-Lei n.º 139/88, de 22 de Abril.
— Decreto-Lei n.º 327/90, de 22 de Outubro, alterado pelo Decreto-Lei n.º 34/99, de 5 de Fevereiro.
— Decreto-Lei n.º 180/89, de 30 de Maio.
— Decreto-Lei n.º 156/2004, de 30 de Junho.
— Portaria n.º 573/2004, de 28 de Maio.

Jurisprudência:

Acórdão do Tribunal Constitucional n.º 639/99 (publicado no *Diário da República*, II Série, de 23 de Março de 2000).

Notas do Leitor:

II
INSTRUMENTOS DE GESTÃO TERRITORIAL

Caso Prático n.º 5: Os interesses urbanísticos na mesa de jogo

A Jogolândia, S.A. é concessionária da exploração do jogo em Casino no Município **X**. Por força do contrato de concessão do jogo, foi-lhe cometida a obrigação de apresentar um projecto de localização e de construção de um novo Casino à Secretaria de Estado competente que, se concordar com a localização e projecto propostos, pode declarar a utilidade pública dos imóveis necessários à sua implantação, nos termos do diploma que regula a concessão do jogo (Decreto-Lei n.º 422//89, de 2 de Dezembro, com as alterações introduzidas pelo Decreto-Lei n.º 16/95, de 19 de Janeiro e pela Lei n.º 28/2004, de 16 de Julho).

A Jogolândia, S.A., solicitou a aprovação da localização do casino em terrenos pertencentes ao domínio privado do Município, situados em zona urbanizável de acordo com o Plano Director Municipal vigente desde 1991, não sendo aí permitida, no termos daquele instrumento de planeamento, a construção de edifícios com mais de 3 pisos e 10 metros de altura, o que inviabiliza a aprovação do projecto de arquitectura pretendido pela Jogolândia, S.A.

Propôs, por isso, esta entidade à Câmara Municipal a elaboração de um Plano de Pormenor para a referida zona, tendo feito acompanhar tal proposta de um projecto de regulamento e de plantas que o integrariam e de uma declaração de intenções de custear, na íntegra, a elaboração do plano em causa.

Questões:

A) É legalmente possível que a Jogolândia, S.A. proponha a elaboração de um Plano de Pormenor para determinada área, adiantando o respectivo conteúdo? Em caso afirmativo, poderá a Câmara Municipal, em face dos estudos avançados do plano já apresentados e da declaração anexa, atribuir directamente à Jogolândia, S.A., a elaboração do referido plano?

B) Poderá, a seu ver, o Secretário de Estado competente declarar a utilidade pública de tal terreno antes de o referido Plano de Pormenor se encontrar em vigor?

Solução:

A)

1. A JOGOLÂNDIA, S.A. não está impedida de apresentar propostas de elaboração do instrumentos de planeamento territorial, propostas essas que podem, inclusive, conter as grandes linhas ou os traços gerais das principais soluções a consagrar naquele instrumento de gestão territorial e que a Câmara Municipal pode, eventualmente, assumir como suas.
2. Esta faculdade advém-lhe não só do disposto na legislação administrativa (artigo 115.º do CPA), mas também, com particular acutilância, da posição jurídica especialmente qualificada de que beneficia no caso em apreço, em virtude da sua actuação paralela como "colaboradora" da Administração, decorrente do contrato de concessão de exploração do jogo em casino.
3. Contudo, tal posição não confere à JOGOLÂNDIA, S.A. o poder de iniciativa do procedimento de planificação — que continua a competir exclusivamente à Câmara Municipal —, nem o direito a que o Plano venha a ser aprovado em consonância com o projecto por ela apresentado.
4. Neste novo procedimento, porém, e enquadrado no âmbito da obrigação de ponderação que impende sobre a entidade planificadora, deve ser reconhecida à JOGOLÂNDIA, S.A., nas situações de colisão entre interesses privados, uma posição de maior peso relativo, a ser aferida em concreto, que lhe advém da sua qualificada posição subjectiva e de uma intersecção nítida entre interesses públicos e privados a prosseguir.
5. A JOGOLÂNDIA, S.A. pode ainda, dado o seu interesse específico na elaboração do Plano, assumir, no todo ou em parte, os encargos financeiros decorrentes da mesma, desde que essa assunção seja devidamente balizada num protocolo a celebrar com a Câmara Municipal, que clarifique que desse facto não resultam, para aquela, os direitos referidos no ponto 3.

B)

No que concerne à possibilidade da JOGOLÂNDIA, S.A. beneficiar da expropriação por utilidade pública, tal decorre expressamente da lei relativa à concessão de exploração de jogos de fortuna e azar, desde que esta faculdade seja devidamente admitida nos instrumentos de gestão territorial em vigor, o que, não sucedendo, pode determinar a prévia suspensão, ainda que parcial, dos mesmos, e a adopção de medidas preventivas que admitam o posterior recurso à via expropriativa.

Doutrina:

— António Lorena de SÉVES, "A Admissibilidade de Propostas de Planos de Pormenor Apresentadas por Particulares", *in Revista Jurídica do Urbanismo e Ambiente*, n.º 20, 2003, p. 143 e ss.

— Fernanda Paula OLIVEIRA, "Reflexões sobre Algumas Questões Práticas no Âmbito do Direito do Urbanismo", *in Boletim da Faculdade de Direito da Universidade de Coimbra*, Volume Comemorativo do 75º Tomo do Boletim da Faculdade de Direito, Coimbra, 2003.

— Fernanda Paula OLIVEIRA/ Dulce LOPES, "O Papel dos Privados no Planeamento: que Formas de Intervenção?, *in Revista Jurídica do Urbanismo e Ambiente*, n.º 20, 2003, p. 43 e ss.

Actos normativos:

— Decreto-Lei n.º 422/89, de 2 de Dezembro, com as alterações introduzidas pelo Decreto-Lei n.º 16/95, de 19 de Janeiro e pela Lei n.º 28/2004, de 16 de Julho.
— RJIGT
— CPA.

NOTAS DO LEITOR:

Caso prático n.º 6: Há "Marimar" há ir e voltar

Tendo por cenário o Plano Director Municipal **Y**, datado de 1986, a Sociedade MARIMAR, Ld.ª, proprietária de um terreno, cedeu gratuitamente, por escritura em 1992, uma parte do mesmo (a destacar do prédio inicial) ao município **X**, tendo sido reconhecido ao cedente na escritura, como contrapartida para a referida cedência, que ele mantivesse na parte sobrante do prédio o índice de construção de que, antes dessa cedência, beneficiava todo o prédio, constando de um anexo à referida escritura um estudo de ocupação para fins turísticos da parcela sobrante da cedência, do qual se conclui que a ocupação que fica prevista para a referida área se encontra em concordância com o estabelecido no Plano Director Municipal de 1986.

A referida escritura condicionava ainda a eficácia do direito reconhecido ao proprietário ao cumprimento *de toda a tramitação necessária para o respectivo licenciamento*. Não obstante isto, o particular interessado nunca chegou a desencadear o referido procedimento.

Acontece, porém, que em 1997 entrou em vigor a revisão do Plano Director Municipal que, para a zona em causa, fixou índices de construção diferentes dos que decorriam do acordo celebrado entre o município **X** e a Sociedade MARIMAR, Ld.ª, que inviabilizariam, a ser aplicados, a operação em causa.

Questões:

A) Qual o normativo aplicável ao pedido de licenciamento apresentado na vigência do Plano Director Municipal de 1997 para formalização de uma pretensão concretizadora do índice de construção reconhecido pelo acordo formalizado à luz do plano anterior?

B) Caso não possa concretizar já aquele índice, terá o particular que celebrou a referida escritura algum direito decorrente desse facto e, em caso afirmativo, qual o seu fundamento jurídico?

Solução:

A)
1. Configura um verdadeiro princípio geral de direito administrativo a regra de que *os actos administrativos se regem pela*

lei vigente à data da sua prática (*tempus regit actum*) — cfr. Artigo 67.º do RJUE —, o que a propósito dos Planos Directores Municipais não é mais do que uma consequência da sua natureza regulamentar e de os mesmos, em regra, *produzirem efeitos apenas para o futuro*.

2. Assim, a prática de um acto administrativo que viole as normas de planeamento em vigor no momento da sua prática determina a respectiva *nulidade* [artigo 68º, alínea a) do RJUE].

3. O ordenamento jurídico português admite uma excepção à regra do *tempus regit actum:* o *princípio da garantia da existência* ou *da manutenção* (que encontra, entre nós, o seu fundamento nos princípios da protecção da confiança e dos direitos adquiridos), e que significa que o processo de planeamento (que se consubstancia na fixação de regras e instrumentos condicionantes da ocupação, uso e transformação dos solos) deve respeitar, ainda que desconformes com aquelas regras, as *afectações* e *utilizações dos solos* (não necessariamente edificações) *legalmente já consumadas,* bem como as *já autorizadas nos termos legais mas ainda não iniciadas.*

4. Pelo contrário, terão de se pautar pelo novo instrumento de planeamento todas as utilizações do espaço que *estejam pendentes de procedimento administrativo ainda não decidido* e, por maioria de razão, *as que venham a ser requeridas e decididas após a entrada em vigor daquele instrumento.*

5. No caso *sub iudice* não estamos perante uma situação de garantia do existente que justifique o afastamento da aplicação do Plano Director Municipal, uma vez que o interessado não concretizou ainda o índice de construção que lhe havia sido reconhecido pelo acordo celebrado (isto, é, não desencadeou os procedimentos necessários para o efeito) e, a fazê-lo, tal ocorrerá numa altura em que se encontra já está em vigor o Plano Director Municipal revisto, não havendo, assim, como afastar a aplicabilidade deste à resolução da situação requerida.

6. A existência de direitos de privados decorrentes, designadamente de acordos com a Administração não pode impedir o *ius variandi* de que a Administração é titular e o não atendimento do estipulado em tais compromissos não determinará a

invalidade do exercício do referido poder que apenas se verifica quando ocorram vícios intrínsecos do próprio poder de modificação, como a inexistência de um interesse público justificativo, arbítrio da Administração, erro manifesto, etc.

7. Exige-se, contudo, para que o poder de modificação possa ser considerado válido, que se tenha promovido uma conveniente *ponderação dos interesses dos proprietários dos solos* eventualmente afectados por tal modificação, obrigação essa que funciona, efectivamente, como um limite à "liberdade" de modificação do plano, embora se deva acentuar que os interesses dos proprietários dos solos não são elevados ao nível de um direito subjectivo: o proprietário não goza de um poder de exigir que o seu interesse seja consagrado no plano, apenas tendo o direito de exigir que tal interesse seja tomado em consideração no procedimento da sua elaboração.

B)

1. Tendo existido no caso em apreço um contrato celebrado entre a Administração e um particular, nas situações em que aquela não cumpra o convencionado, como aconteceu no caso vertente, terão de ser indagados vários elementos, partindo dos termos em que o acordo se encontra redigido e os motivos mobilizados pela Administração para justificar o seu incumprimento (se ele se reporta à prossecução do interesse público urbanístico ou a outros factores que não são considerados suficientes ou idóneos para justificar essa actuação administrativa).

2. Só concretizando estas variáveis se poderá determinar a consequência jurídica a aplicar, de forma a salvaguardar a posição jurídica contratualmente adquirida pelo particular. Porém, sempre que o particular já haja transferido a sua contraprestação para a Administração, nomeadamente cedendo um terreno, ou ela corresponda a um direito decorrente de um processo de expropriação por utilidade pública ou de pura aquisição de um bem ou direito do particular, terá direito à repetição do prestado ou, caso tal não seja possível, a uma integral indemnização.

3. Pode, ainda, divisar-se um núcleo de situações, em que o particular tenha eventualmente direito a uma compensação

por dano da confiança, resultante da violação, pela Administração, do dever de boa fé e de protecção da confiança legítima dos administrados, mas que não se confunde com o direito ao convencionado.

Doutrina:
— Fernanda Paula OLIVEIRA, Dulce LOPES, "O Papel dos Privados no Planeamento: que Formas de Intervenção?, *in Revista Jurídica do Urbanismo e Ambiente*, n.º 20, 2003, p. 43 e ss.
— Fernanda Paula OLIVEIRA, "Reflexões sobre Algumas Questões Práticas no Âmbito do Direito do Urbanismo", *in Boletim da Faculdade de Direito da Universidade de Coimbra*, Volume Comemorativo do 75º Tomo do Boletim da Faculdade de Direito, Coimbra, 2003.

Actos normativos:
— RJIGT.
— RJUE.

NOTAS DO LEITOR:

Caso prático n.º 7: "Sófrangos" no planeamento

A 11 de Maio de 2000 foi presente à Câmara Municipal **X** uma pretensão relativa à construção de um edifício comercial requerida pela *Sófrangos, Lda.*, para uma zona que se encontrava classificada no Plano Director Municipal Y, datado de 1990, como *Zona Urbanizável / Zona de Reserva para Urbanização*.

De acordo com a definição dada no artigo 30.º do regulamento daquele plano, zonas para reserva de urbanização são aquelas onde se reconhece vocação para uma ocupação futura com fins urbanos, fazendo depender a ocupação das mesmas da *elaboração* de Planos de Urbanização ou de Planos de Pormenor que fixarão os parâmetros a que devem obedecer as operações urbanísticas a concretizar.

A Câmara Municipal veio, nessa zona, a deferir o projecto de arquitectura do edifício em 12 de Setembro de 2000, quando o Plano de Urbanização estava em elaboração.

Em Fevereiro de 2001, a Inspecção-Geral da Administração do Território (IGAT), na sequência de uma exposição apresentada por um munícipe, veio solicitar à Câmara Municipal **X** que emitisse adequada informação técnica relativa à validade da deliberação tomada em face do quadro regulamentar previsto no Plano Director Municipal.

A esta solicitação deu aquela Câmara Municipal resposta por ofício de 28 de Março de 2001, no qual defendeu o entendimento de que se aplica o artigo 30.º do Regulamento do Plano Director Municipal, se existe já elaborado ou em início do processo de aprovação, nos termos do RJIGT, um plano de urbanização para a área. No entender desta edilidade, o pressuposto exigido no artigo 30.º é o de que esteja em *elaboração* o plano de urbanização ou plano de pormenor e não que eles *tenham entrado em vigor*.

Em resposta a este ofício, a IGAT emitiu, em 5 de Julho de 2001 "parecer", nos termos do qual entende que a alteração do estatuto de reserva só se efectivará "*...com a entrada em vigor de plano de urbanização ou de plano de pormenor...*", pelo que até lá não é permitido o licenciamento para quaisquer finalidades.

Questões:

A) Qual é, a seu ver, a interpretação que deve ser dada ao artigo 30.º do Regulamento do Plano Director Municipal, para, deste modo, determinar se a Câmara Municipal deve manter a aprovação do projecto de arquitectura referido?

B) Independentemente da resposta que dê na alínea anterior, caso o Município não estivesse disposto sequer a iniciar o procedimento de elaboração de um Plano de Urbanização, pelos custos que o mesmo envolve, disporia a *Sófrangos, Lda.* de algum mecanismo que lhe permitisse conseguir a ocupação do terreno em causa?

Solução:

Consideração prévia: a questão essencial a ter em consideração na resposta ao presente caso prático é a de que o Plano Director Municipal não fixou parâmetros de ocupação dos solos a ser aplicados *in concretu,* enquanto os planos mais precisos não fossem elaborados, sendo os únicos parâmetros para a ocupação das referidas áreas apenas os que estão (a ser) definidos no plano em elaboração.

A)

1. Uma interpretação da norma em apreço no sentido que lhe é dado pela Câmara Municipal — de que não é necessário que o Plano de Urbanização exigido para a área se encontre já em vigor, bastando que o mesmo esteja em elaboração — determinará uma aplicação antecipada dos instrumentos de planeamento o que, na ausência de previsão legal expressa nesse sentido, é impedido pelo *princípio constitucional* da *proibição de pré-efeitos de actos normativos* — que determina que os actos normativos (como os planos) não podem produzir quaisquer efeitos jurídicos (pretensão de eficácia) quando não estejam ainda em vigor nos termos constitucional e legalmente prescritos.
2. Ora, nos termos da legislação aplicável, um plano municipal só entra em vigor *após a sua publicação*, não sendo, por isso, suficiente a sua elaboração para que ele possa começar a ser

aplicado, por muito avançada que esteja a mesma. E esta impossibilidade de aplicação de um plano que ainda não se encontra em vigor vale, quer para indeferir pretensões urbanísticas, quer para as permitir.

3. Acresce a inexistência no ordenamento urbanístico actual da figura das *normas provisórias* que permitia, em certa medida, uma *aplicação antecipada dos planos*.

4. A interpretação mais adequada aos dados normativos actuais é, assim, a que exige que o plano mais concreto esteja *já em vigor* para que se possa proceder à ocupação dos solos na referida área.

5. O que foi afirmado pode admitir uma interpretação diferente se o plano em elaboração se encontrar já numa fase posterior à abertura da respectiva discussão pública. É que, a afirmação de que os planos em elaboração não têm quaisquer efeitos sobre pretensões concretas dos particulares enquanto não estiverem em vigor, não vale em absoluto a partir do momento em que o plano entre na fase de discussão pública, uma vez que o artigo 117.º do RJIGT determina expressamente a *suspensão automática de qualquer procedimento* de informação prévia, autorização ou licenciamento até que o respectivo plano entre em vigor (ou até ao fim do decurso de 150 dias, se entretanto a respectiva vigência não se tiver produzido) quando se trate de "...*área a abranger por novas regras urbanísticas constantes de plano municipal de ordenamento do território*...".

6. Deste modo, um plano em elaboração (portanto, ainda não eficaz) produz, em certa medida, efeitos em relação a pretensões concretas: o efeito de suspender o respectivo procedimento de decisão, devendo aquele normativo ser interpretado de um modo restritivo: tendo em conta que o mesmo se destina a *salvaguardar o efeito útil do futuro plano*, a suspensão apenas deve funcionar naquelas situações em que, apesar de um projecto ser licenciável à luz do plano em vigor, não o será, contudo, à luz do futuro plano, o que significa, *a contrariu*, que se uma determinada operação não for

licenciável à luz do plano em vigor mas o for à luz do plano em elaboração e sujeito a discussão pública, tal "*...indicia fortemente a inutilidade da suspensão que, a existir, provocaria a paralisia de procedimentos de proporções que excederiam em muito o que se mostra justo e razoável, ao arrepio da letra e do espírito do n.º 1 do artigo 117º do Decreto-Lei n.º 380/99, de 22 de Setembro*" [Despacho do Secretário do Estado do Ordenamento do Território e da Conservação da Natureza (SEOTCN) de 20 de Novembro de 2000].
7. Significa isto que não se devem suspender os procedimentos de licenciamento que não coloquem em causa a futura execução do plano, devendo tais procedimentos ser analisados à luz das regras urbanísticas submetidas a discussão pública, ficando, contudo, a licença que venha a ser emitida sujeita a uma condição suspensiva: a da entrada em vigor das regras urbanísticas que conformam a pretensão.
8. Assim, apesar da não suspensão e, portanto, do licenciamento emitido, a operação só poderá iniciar-se após a entrada em vigor do novo plano, de forma a verificar se, de facto, este permite aquela operação concreta.

Concluindo:

1º Se o plano de urbanização em elaboração se encontrar ainda em fase anterior à respectiva discussão pública, não pode o mesmo servir de orientação ou de fundamento para o deferimento de uma pretensão concreta de urbanização, pois, com isso estar-se-ia a violar o princípio constitucional da proibição de pré-efeitos dos actos normativos.

2º Caso o plano de urbanização em elaboração se encontre já numa qualquer fase procedimental entre a discussão pública e a e a respectiva publicação, pode o projecto urbanístico, se se conformar com o projecto do plano posto a discussão pública, ser licenciado, mas a produção dos efeitos deste acto ficará condicionada à entrada em vigor do referido plano.

B)

1. A prática, por parte dos Planos Directores Municipais, de fazer depender a ocupação dos solos em determinadas áreas da posterior elaboração de instrumentos de planeamento mais concretos coloca problemas jurídicos aos proprietários da mesma, na medida em que, tendo em consideração serem os Planos de Urbanização e de Pormenor instrumentos de *iniciativa pública* (os particulares não estão impedidos de formular petições para a elaboração destes instrumentos de planeamento, mas tais petições não constituem a Administração no dever de dar início ao respectivo procedimento, sendo tal início sempre oficioso), poderem os particulares ficar *"reféns"* da Administração quando esta não fixe qualquer prazo para aquela elaboração ou quando, tendo-o fixado, não o cumpra.

2. No ordenamento jurídico italiano têm-se suscitados sérias dúvidas sobre a constitucionalidade da criação destes *vínculos de inedificabilidade por tempo indeterminado*, tendo o legislador italiano determinado, para as superar, a caducidade daqueles vínculos se os instrumentos de planeamento previstos não forem aprovados dentro do prazo de cinco anos, embora admita a possibilidade de reiteração dos mesmos, desde que devidamente fundamentada, dando lugar, nestes casos, em regra, a indemnização. No caso português não se prevê uma solução idêntica, apenas se podendo equacionar o pagamento de uma indemnização, muito embora nos termos gerais do artigo 143.º do RJIGT.

3. Uma via pensável de reacção contra esta situação de inacção administrativa poderia passar pela mobilização de meios contenciosos. De facto, com a aprovação do CPTA foram dados passos decisivos no sentido da garantia da protecção jurisdicional efectiva dos administrados, exigida constitucionalmente.

4. Operou-se assim a conversão da matriz do nosso contencioso que, de uma jurisdição limitada, passou a assegurar, tendencialmente, uma tutela plena das posições jurídicas dos particulares em face da Administração quer no que se refere às pretensões passíveis de serem deduzidas em juízo, quer do ponto de vista da condução processual das acções, quer ainda numa perspectiva dos poderes de pronúncia do tribunal.

5. Contudo, neste ponto particular, o artigo 77.º do mesmo Código apenas admite a interposição de uma acção administrativa especial destinada a declarar a ilegalidade por omissão das normas cuja adopção, ao abrigo de disposições de direito administrativo, seja necessária para dar exequibilidade a *actos legislativos* carentes de regulamentação. Não prevê, assim, a par das situações de imposição legal de regulamentação, os casos bastante mais frequentes no domínio urbanístico de auto-vinculação regulamentar da Administração — isto é, as hipóteses em que, num regulamento administrativo, *in casu*, no âmbito de um Plano Director Municipal, a Administração se vincula à elaboração de um regulamento posterior mais concreto — pelo que, também este meio não pode ser aqui mobilizado.

6. A alternativa a utilizar pelos proprietários interessados para superar esta situação — tendo em consideração que a inactividade do município se encontrava expressamente relacionada com os custos envolvidos com a elaboração de novos planos — seria a de propor uma alteração de carácter simplificado de modo a que onde o Plano Director Municipal faz depender a urbanização futura de Plano de Urbanização ou Plano de Pormenor, se acrescentasse aprovação de um *alvará de loteamento* ou *delimitação de uma unidade de execução*, que podem ser de iniciativa privada.

7. É que, desde logo, o recurso ao Plano de Pormenor, de iniciativa e elaboração públicas, é, em grande medida, intercambial com a aprovação de operações de loteamento, sendo sintomas desta equivalência, o conjunto das especificações que devem constar do alvará de loteamento, a sua sujeição a discussão pública e a indicação como causa de nulidade da sua violação por actos de autorização, ao que acrescentamos a previsão genérica da tendencial igualdade de qualificações oficiais a exigir

aos autores dos projectos de loteamento relativamente aos Planos de Pormenor e de Urbanização (Decreto-Lei n.º 292/95, de 14 de Novembro).

8. No que às unidades de execução diz respeito, trata-se, precisamente de áreas dentro das quais se pretende a concretização de intervenções urbanísticas que olham o território em causa *de forma integrada*, evitando que os proprietários abrangidos possam levar a cabo operações urbanísticas isoladas (respeitando os limites da respectiva propriedade), a que acresce o facto de na respectiva área se ter de proceder, em regra, a operações de reparcelamento que, como determina a alínea i) do artigo 2.º do RJUE, configuram verdadeiras operações de loteamento em relação ás quais vale o que foi afirmado antes.

9. A proposta de alteração do plano apresentada pelos interessados deve ser formalizada através de petição devidamente fundamentada podendo conter, desde logo, os termos da alteração pretendida, (artigo 115.º n.º 1, do CPA). A esta tem a Administração o dever de dar resposta, também ela fundamentada, devendo no caso de recusa de alteração, aduzir uma fundamentação acrescida, tendo em consideração, para este efeito, que a proposta apresentada é mais benéfica, do ponto de vista financeiro, ao município (substitui-se um instrumento cujos custos, em princípio, lhe são imputáveis, por outros instrumentos cujos encargos são, em regra, assumidos pelos particulares) e não envolve a alteração de carácter simplificado outros custos que não os meramente administrativos.

Doutrina:

— Fernanda Paula OLIVEIRA/ Dulce LOPES, "As Medidas Cautelares dos Planos", *in Revista do CEDOUA*, n.º 10, 2-2002, p. 45 e ss.

— Lucio MAROTA, *Pianificazione Urbanística e Discrezionalitá Amministrativa*, Padova, CEDAM, 1998, p. 34 e ss.

Actos normativos:

— RJIGT.
— RJUE.
— CPA.
— CPTA.
— Decreto-Lei n.º 292/95, de 14 de Novembro.
— Despacho do Secretário do Estado do Ordenamento do Território e da Conservação da Natureza (SEOTCN) de 20 de Novembro de 2000 (Anexo I)
— Despacho do Secretário de Estado Adjunto e do Ordenamento do Território (SEAOT) de 25 de Novembro de 2002 (Anexo II)

NOTAS DO LEITOR:

Caso prático n.º 8: A dimensão não conta, mas a qualidade... do Urbanismo

A Câmara Municipal **X** encontra-se a elaborar um Plano de Pormenor para uma zona de expansão da cidade.

No âmbito do acompanhamento àquela elaboração, a Comissão de Coordenação e Desenvolvimento Regional (CCDR) suscitou a questão do incumprimento por parte do projecto do referido Plano de Pormenor dos parâmetros de dimensionamento constantes da Portaria 1136/2001, de 25 de Setembro, que constituem, a seu ver, valores mínimos a considerar para o dimensionamento das respectivas áreas.

A equipa projectista encarregada da elaboração do plano, veio juntar justificação para o não cumprimento integral, nos planos em apreço, dos parâmetros definidos naquela Portaria — existência de uma bolsa em terrenos anexos ao plano, inserção destes em zona consolidada da cidade, que inclui áreas de estacionamento e equipamentos superiores às exigidas pela Portaria.

Argumentava-se, além do mais, com o carácter supletivo daquela Portaria em face das opções expressas constantes de instrumentos de planeamento territorial, que são os instrumentos que, conhecendo de perto a realidade a que se aplicam, têm a capacidade e o poder de definir tais parâmetros de forma mais racional e adequada.

No seguimento desta justificação, através de ofício notificado à Câmara Municipal, a CCDR veio reafirmar a necessidade de cumprimento da Portaria n.º 1136/2001 por parte do Planos de Pormenor, em cumprimento das orientações constantes da Informação n.º 169/2002, emanada do Gabinete do Secretário de Estado Adjunto e do Ordenamento do Território e homologada pelo próprio em 24 de Julho 2002, mas não publicada.

Questão:

Qual das argumentações considera encontrar-se dotada de maior razoabilidade?

***Solução*:**

1. A Portaria n.º 1136/2001, de 25 de Setembro, como a mesma determina expressamente, não se aplica a *planos*, mas a *projectos de loteamento* e, mesmo aí, apenas com carácter supletivo;
2. O carácter supletivo da Portaria é compreensível se tivermos em consideração que, nos termos do actual ordenamento jurídico urbanístico, é *ao nível municipal* que está atribuída a definição dos *usos do solo* e respectivos *índices* e *parâmetros*, traduzindo-se, pois, numa *específica atribuição municipal*;
3. O que a referida Portaria pretendeu assegurar foi a existência de suficientes zonas destinadas a finalidades específicas de utilidade pública, entendendo-se que quando, fundamentadamente, se considere que os parâmetros são excessivos relativamente às necessidades de um município ou de uma área particular, tais exigências são desnecessárias e a existirem revelar-se-iam desproporcionais do ponto de vista dos sujeitos onerados e, portanto, ilegítimas.
4. Acresce que não se pode pretender que as necessidades ou parâmetros de dimensionamento sejam os mesmos para todas as parcelas do território, sendo diferentes as exigências a formular, por exemplo, numa nova urbanização de uma grande cidade, ou numa pequena aldeia do interior.
5. Deste modo, apelando a um critério *teleológico-racional*, terá de se concluir que a Portaria n.º 1136/2001, não pretendeu, de modo algum, *"uniformizar o desenho urbano no país"* nem, muito menos, afectar espaços urbanos a usos do solo que poderiam muito bem ser desprovidos de qualquer utilidade, visando apenas salvaguardar que, por omissão ou inexistência de planeamento ao nível local, não fossem contemplados aspectos considerados essenciais da programação urbana.
6. Ademais, se se pretendesse alterar a solução legal decorrente do anterior regime, o legislador teria de ter apontado expressa e inequivocamente a modificação pretendida, não sendo

suficiente proceder como procedeu: remetendo para os precisos termos em que esta questão era regulada antes da entrada em vigor do RJUE;
7. Por seu lado, advogar uma leitura que condiciona o exercício de uma atribuição própria dos municípios à entrada em vigor de planos que ou são meramente facultativos (o caso dos Planos Regionais de Ordenamento do Território) ou demasiado genéricos no seu conteúdo (o caso do Programa Nacional da Política de Ordenamento do Território) — note-se que, dos termos literais do disposto no artigo 43.º, n.º 2 do RJUE, as opções dos planos municipais a este respeito estariam condicionadas à entrada em vigor destes tipos de planos —, corresponde à defesa de uma interpretação que lesa, de forma excessiva e ilegítima, o *princípio da subsidiariedade*, ao fazer depender de pressupostos incertos e alheios, o exercício pelo município de uma competência que lhe é originariamente cometida pelo legislador.
8. Deve, pois, privilegiar-se os parâmetros municipais inscritos em Planos Municipais de Ordenamento do Território — ainda que, se se distanciarem, tanto *para mais*, como *para menos*, dos parâmetros fixados na Portaria, devam obedecer a um ónus de *fundamentação acrescida* —, sendo de aplicar a Portaria tão-só quando não existam estes planos ou eles não fixem esses mesmos parâmetros.
9. Aquando da aprovação do Programa Nacional da Política de Ordenamento do Território e, eventualmente, dos Planos Regionais de Ordenamento do Território, esses parâmetros terão, como já resultaria em geral do diploma, de se conformar com estes instrumentos de gestão territorial de nível superior, estabelecendo o RJIGT procedimentos mobilizáveis para o efeito.
10. Não deve olvidar-se, ainda, que a Informação n.º 169/2002 do SEAOT que está na base da interpretação referida, para além de confundir injustificadamente, supletividade com estabelecimento de parâmetros mínimos imperativos, não tem força vinculativa por lhe não ter sido dada eficácia ex-

terna, sendo a interpretação nela defendida de cariz meramente opinativo e não vinculativo, como parece ter sido veiculado no caso vertente.
11. Deste modo deve concluir-se pela não aplicação da Portaria 1136/2001 a Planos de Pormenor.

Actos normativos:

— RJUE
— Portaria 1132/2001, de 25 de Setembro
— Informação n.º 169/2002, emanada do Gabinete do Secretário de Estado Adjunto e do Ordenamento do Território e homologada pelo próprio em 24 de Julho de 2002 (Anexo III)

NOTAS DO LEITOR:

Caso prático n.º 9: Entendam-se de vez!

Ao elaborar um Plano Regional de Ordenamento do Território, a entidade competente localizou, no respectivo projecto, um equipamento de interesse regional numa área que o Plano Director Municipal aí em vigor destina à construção para fins habitacionais. O município em causa opõe-se frontalmente à solução prevista no projecto do Plano Regional de Ordenamento do Território.

Suponha que a entidade responsável pelo Plano Regional de Ordenamento do Território o consulta no sentido de ser esclarecida das seguintes questões:

Questões:

A) Tem a câmara municipal alguma forma de intervir na elaboração do Plano Regional de Ordenamento do Território opondo-se à solução prevista no respectivo projecto? Em caso afirmativo, como deve a entidade responsável pelo Plano Regional de Ordenamento do Território proceder perante a oposição demonstrada?

B) Em caso de contradição entre o Plano Regional de Ordenamento do Território e o Plano Director Municipal qual o instrumento de gestão territorial que deve prevalecer?

C) Se a resposta for no sentido de ser dada prioridade ao Plano Regional de Ordenamento do Território, fica a câmara municipal respectiva automaticamente obrigada a indeferir os pedidos de licenciamento de operações urbanísticas que lhe venha a ser apresentados com fundamento na violação das disposições deste instrumento de gestão territorial?

D) Como garantir a operacionalização da solução prevista no Plano Regional de Ordenamento do Território caso a resposta à questão anterior seja negativa?

Solução:

A) A câmara municipal participa na *comissão mista de coordenação* de acompanhamento à elaboração do Plano Regional de Ordenamento do Território (artigo 56.º, n.º 1 do RJIGT) no âmbito da qual emite, em conjunto com as restantes entidades aí representadas um *parecer escrito* no qual pode discordar das orientações definidas no futuro plano (n.ᵒˢ 2 e 3 do mesmo artigo 56.º). Se tal ocorrer, a entidade responsável pelo Plano Regional de Ordenamento do Território terá de dar abertura a uma fase formal de *concertação* com o município em causa nos termos do disposto no artigo 57.º do RJIGT.

B) Tendo em consideração o princípio da hierarquia que vigora nas relações entre os instrumentos de gestão territorial, o Plano Director Municipal deve obediência ao Plano Regional de Ordenamento do Território, sendo esta relação caracterizada como de compatibilidade (cfr. os n.ᵒˢ 1 e 2 do artigo 24.º do RJIGT).

C) Por os Planos Regionais de Ordenamento do Território não disporem actualmente de eficácia plurisubjectiva, não pode a câmara municipal indeferir, com base nas normas daqueles, concretas pretensões urbanísticas dos particulares [cfr. artigos 11º LBPOTU, 3.º do RJIGT e ainda 24.º, n.º 1, alínea a) e 68, alínea a) do RJUE]; as opções do Plano Regional de Ordenamento do Território, se se pretenderem vinculativas em relação a estes, terão de ser *"absorvidas"* por Planos Municipais de Ordenamento do Território.

D) Para o efeito, torna-se necessário promover uma alteração de carácter simplificado ao Plano Director Municipal de forma a compatibilizá-lo com o disposto no Plano Regional de Ordenamento do Território [alínea d) do n.º 1 do artigo 97.º na sequência do n.º 2 do artigo 59.º, ambos do RJIGT]. Esta solução peca, a nosso ver, por não se ter previsto um prazo dentro do qual o procedimento de alteração tem de estar concluído, o que pode levar ao arrastamento temporal de contradições entre planos, com prejuízo para os interesses dos particulares e públicos (mesmo financeiros do município, já que, a colocar-se uma questão de indemnização, será ele o responsável, em princípio, pelos danos causados ao particular). Eventualmente, poderá determinar-se a suspensão do Plano Director Municipal nos termos da alínea a) do n.º 2 do artigo 100.º do RJIGT, o que, em todo o caso, não implica que o Plano Regional de Ordenamento do Território adquira eficácia plurisubjectiva porque não pode, por lei, revestir tal característica, mas determina a adopção de medidas preventivas que têm este tipo de eficácia.

Doutrina:

— Fernanda Paula OLIVEIRA, "Alguns Aspectos do Novo Regime Jurídico dos Planos Regionais de Ordenamento do Território. Em Especial a Questão da sua Eficácia Jurídica", *in Revista Jurídica de Urbanismo e Ambiente*, N.º 11/12, Junho/Dezembro, 1999, p. 69 e ss.

— Fernanda Paula OLIVEIRA, "Evolução do Quadro Legal dos PROT's", *in Sociedade e Território*, Revista de Estudos Urbanos e Regionais, N.º 34, Setembro de 2002, p. 10 e ss.

— Fernando Alves CORREIA, *Manual de Direito do Urbanismo*, 2.ª Edição, Coimbra, Almedina, 2004, p. 362 e ss.

Actos normativos:

— LBPOTU
— RJIGT

NOTAS DO LEITOR:

Caso prático n.º 10: Dos Caminhos da Discórdia aos Caminhos da Concórdia

A) Ao proceder à elaboração do seu Plano Director Municipal, o município **X** viu-se confrontado com uma aprovação prévia, por parte do Instituto de Estradas de Portugal, numa parte determinada do Concelho, do projecto de uma importante via.

Considerando que a localização daquela via não se apresenta como a mais adequada da perspectiva do interesse local, suponha que a Câmara Municipal respectiva o consulta no sentido de ser esclarecida das seguintes questões:

a) Qual a natureza jurídica da decisão de localização, por parte do Instituto de Estradas de Portugal (IEP), daquela importante via?

b) Pode, e em que condições, o Plano Director Municipal alterar o traçado da via em questão?

B) Na situação inversa, não obstante a vigência num determinado município, de um Plano Director Municipal, o IEP pretende aprovar o projecto de uma importante via cuja realização não se encontra prevista naquele. Pretende o Instituto de Estradas de Portugal saber:

a) Pode aprovar o respectivo projecto não obstante o mesmo não estar previsto no Plano Director Municipal do município em causa?

b) Do ponto de vista procedimental, a que exigências se terá de dar cumprimento para o efeito, caso a resposta seja positiva?

c) Para que o município passe a indeferir pedidos de licenciamento de operações urbanísticas basta a aprovação do projecto no IEP, mesmo que a solução não conste do Plano Director Municipal?

d) Está o Plano Director Municipal obrigado a adaptar-se à solução consagrada no traçado aprovado pelo IEP? Qual o procedimento adequado para o efeito?

Solução:

A)

a) Com a entrada em vigor do RJIGT pode defender-se a inclusão daquela decisão do IEP na categoria dos planos sectoriais em face do disposto na alínea c) do n.º 2 do artigo 35.º do RJIGT.

b) Aceitando esta natureza jurídica, a alteração pelo Plano Director Municipal ao traçado definido pelo IEP pressupõe o cumprimento do previsto na alínea b) do n.º 3 do artigo 80º: ratificação com prévio parecer favorável do IEP no âmbito da comissão mista de coordenação (o plano sectorial é hierarquicamente superior ao Plano Director Municipal, mas trata-se da inscrição legal de uma relação de hierarquia mitigada).

B)

a) Sendo o plano sectorial hierarquicamente superior ao Plano Director Municipal, pode proceder à alteração das previsões deste (n.º 3 do artigo 24.º);

b) No entanto, a elaboração dos planos sectoriais deve ser sempre acompanhada pelas autarquias locais cujos territórios estejam abrangidos no respectivo âmbito de aplicação que, caso se oponham às orientações a definir naquele, obriga à abertura de uma fase de concertação (cfr. n.ᵒˢ 1 e 4 do artigo 39.º do RJIGT)

c) A ausência de eficácia plurisubjectiva dos planos sectoriais [cfr. artigos 11.º da LBPOTU, 3.º do RJIGT e ainda 24.º, n.º 1, alínea a) e 68.º, alínea a) do RJUE] tem como consequência que as suas opções, se se pretenderem vinculativas em relação aos particulares, terão de ser "*absorvidas*" por Planos Municipais de Ordenamento do Território.

d) O Plano Director Municipal, como plano hierarquicamente inferior aos planos sectoriais, tem de se adaptar a estes, se posteriores. Torna-se necessário, para o efeito, a promoção de uma alteração de carácter simplificado de forma a compatibilizar este instrumento de planeamento territorial com o disposto no plano sectorial [alínea b) do n.º 1 do artigo 97.º do RJIGT].

Doutrina:

— Fernanda Paula OLIVEIRA "Coordenar e Concertar, em Vez de Mandar" comentário ao Acórdão do STA – 1.ª Secção, de 12/12/2002, P. 46 819, *in Cadernos de Justiça Administrativa*, N.º 39, p. 24.

— Fernanda Paula OLIVEIRA, "Os Princípios da Nova Lei do Ordenamento do Território: da Hierarquia à Coordenação", *in Revista do CEDOUA*, N.º 5 (2000), p. 21 e ss.

— Fernando Alves CORREIA, *Manual de Direito do Urbanismo*, cit., p. 362 e ss.

Actos normativos:

— LBPOTU.
— RJIGT.

NOTAS DO LEITOR:

CASO PRÁTICO N.º 11: A REPETIÇÃO DO DEVIDO.

No município X encontra-se em vigor, desde 1998, o respectivo Plano Director Municipal. Em Dezembro de 2002, foi publicada a deliberação de início do procedimento de revisão do mesmo para uma zona na qual se incluem terrenos do Sr. J. C. Milheiro. Presente a proposta de plano à Assembleia Municipal, esta decide alterar a classificação de uma área que, de zona de equipamentos (de acordo com a proposta) passa a ser uma segunda zona industrial (de acordo com a deliberação da mesma). Após esta aprovação, o plano foi imediatamente enviado para ratificação, ao que se seguiu a sua publicação e registo.

Questões:

A) Padecerá este procedimento de revisão de algum vício? Justifique a sua resposta.

B) Caso as alterações tivessem sido introduzidas após a discussão pública pela Câmara Municipal e implicassem uma alteração substancial das concepções de planeamento, deveria a mesma sujeitar a proposta a nova discussão pública? No caso da sua resposta ser afirmativa, em que condições deveria a mesma ter lugar?

C) Suponha agora que o Plano Director Municipal reduz a potencialidade edificatória num outro terreno do Senhor J. C. Milheiro, pois apenas permite um índice de construção de 0,7 e já não de 0,9, que correspondia ao índice máximo admitido anteriormente pelo Plano Director Municipal. Consultado no sentido de promover a reparação dos danos que o Senhor Milheiro alega ter sofrido, que aconselharia?

Solução:

A)

1. A legislação actualmente em vigor admite expressamente a possibilidade de a Assembleia Municipal introduzir alterações ao projecto de plano que lhe é submetido para aprovação pela Câmara Municipal, o que está em consonância com o carácter constitutivo deste acto e com a assunção por aquele órgão de todo o procedimento de elaboração, alteração ou revisão dos

planos (já que estes últimos seguem os trâmites previstos para a elaboração, de acordo com o disposto no artigo 96.º do RJIGT).

2. Nas situações em que sejam introduzidas, pela Assembleia Municipal, alterações à proposta apresentada pela Câmara Municipal, deve, porém, repetir-se o momento da discussão pública — e do parecer final da Comissão de Coordenação e Desenvolvimento Regional — relativamente a esta segunda proposta, ainda que os prazos sejam reduzidos para metade (artigo 79.º, n.º 2 do RJIGT).

3. De uma leitura meramente literal deste artigo poderia resultar que todas e quaisquer alterações ao projecto, mesmo que pontuais ou de escasso relevo, determinariam a repetição destes trâmites, mas parece mais consonante com a intenção da norma apenas admitir esta complexificação procedimental nas situações de introdução de alterações *substanciais* na economia do plano apresentado.

4. De igual modo, segundo João MIRANDA, a convocação de um novo inquérito público também só se justifica perante alterações substanciais, sendo que, para o autor, "a substancialidade da modificação é definida pelo seu conteúdo: tem de implicar uma alteração profunda do modelo anteriormente gizado e, além do mais, incidir sobre aspectos discricionários e não vinculados do plano". Também para nós é claro que, se houver alterações de qualificação ou classificação de áreas relevantes, se tratará de uma alteração substancial, mas se se modificarem apenas parâmetros e índices de edificabilidade esta asserção já não é certa.

5. Este requisito adicional resultava do Decreto-Lei n.º 69/90, de 2 de Março, que, no artigo 14.º, n.º 7, mandava repetir, não o momento de participação pública, mas a emissão de pareceres por parte das entidades públicas, apenas nas hipóteses em que os planos municipais tivessem resultado "*significativamente alterados no seguimento de inquérito público*". Ainda que em outra sede, é esta mesma fundamentação, atinente à inexistência de uma margem de conformação da Administração e ao reduzido relevo das alterações introduzidas, que justifica que, no âmbito

da dinâmica dos planos, o procedimento de alterações sob regime simplificado prescinda de uma qualquer fase de participação procedimental (artigo 98.º, n.º 3 do RJIGT).
6. Em termos jurisprudenciais, esta exigência de repetição do momento de participação já foi apreciada, mesmo na ausência de previsão legal expressa, pois corresponde a exigências principiológicas básicas do nosso direito administrativo (princípio da participação dos interessados; princípio da justa e completa ponderação de interesses e princípio da protecção da confiança dos particulares).
7. Assim decidiu, à luz do disposto no Decreto-Lei n.º 208/82, de 26 de Maio, o Supremo Tribunal Administrativo que, no âmbito do acórdão de 23 de Fevereiro de 1999, proferido no processo n.º 44087, declarou a nulidade do Plano Director Municipal de Lagos, por este plano se encontrar viciado por um vício de procedimento decorrente da não repetição do período de discussão pública, na sequência de alterações introduzidas ao regime do solo definido na primeira versão da proposta do mesmo plano.

B)
1. Embora a legislação actual se refira apenas à repetição da fase da discussão pública quando ocorram alterações (substanciais) introduzidas pela Assembleia Municipal à proposta apresentada pela Câmara Municipal, pensamos, tendo em consideração os interesses que se pretendem acautelar com esta fase — garantia da participação dos interessados, da justa ponderação de interesses e da protecção da confiança dos particulares —, que tal repetição terá igualmente de ocorrer quando o projecto, findo o período de ponderação dos resultados da discussão pública, sofra alterações substanciais relativamente à primeira versão inicialmente aprovada pelo executivo municipal.
2. Pensamos que a introdução de alterações ao plano nesta fase só poderá ser motivada com base nos resultados da ponderação da discussão pública e não com base em ulteriores opções de planeamento do município que não sejam decorrentes de observações apresentadas pelos munícipes.

3. No entanto, também neste caso, tal como quando as alterações são introduzidas pela Assembleia Municipal, os prazos para a discussão pública devem, pela analogia de situações e interesses a acautelar, ser reduzidos para metade.

C)

1. A doutrina refere, na senda do ordenamento jurídico alemão, que esta hipótese configura uma situação de expropriação de plano: redução da edificabilidade admitida num terreno.
2. Contudo, não se trata de uma das hipóteses expressamente admitidas na lei, que tendeu para uma limitação das hipóteses de indemnização, como decorre da leitura do disposto no artigo 143.º do RJIGT.
3. Mesmo que se considere que há uma inconstitucionalidade desta norma, como refere ALVES CORREIA, e, portanto, que as hipóteses de diminuição da edificabilidade são indemnizáveis, esta indemnização depende do preenchimento de vários requisitos: um requisito de ordem temporal (o não decurso do prazo de cinco anos desde a entrada em vigor, *in casu,* da revisa do Plano) e o facto de este estabelecer um direito concreto de utilização do solo, isto é, não admitir apenas uma edificabilidade mas atribui-la efectivamente (n.º 3 do artigo 143.º do RJIGT).
4. Estas situações de atribuição de edificabilidade pelo plano são claras no âmbito de planos de pormenor (confirmada pelo RJUE que faz tendencialmente corresponder às áreas abrangidas por plano de pormenor a autorização e não ao licenciamento), mas discutíveis no âmbito de planos de âmbito territorial mais amplo, como sucede com o Plano Director Municipal.
5. De facto, estabelecendo em regra, e no caso, índices máximos de edificabilidade, não se pode, com propriedade, referir que há *atribuição* de um qualquer direito ou expectativa jurídica de tal forma concretizada que mereça protecção, até porque não há qualquer obrigatoriedade de esgotamento de índices, estando a sua modelação concreta dependente do exercício da discricionariedade por parte do município, que tem, designa-

damente, de aferir da inserção urbanística da pretensão concreta e da existência de infra-estruturas adequadas que sirvam aquela área.

Doutrina:

— Fernando Alves CORREIA, *Manual de Direito do Urbanismo*, 2.ª Edição, Coimbra, Almedina, 2004, p. 567 e ss.

— Fernanda Paula OLIVEIRA / Dulce LOPES, "O Papel dos Privados no Planeamento: que Formas de Intervenção?, *in Revista Jurídica do Urbanismo e Ambiente*, n.º 20, 2003, p. 43 e ss.

— Fernanda Paula OLIVEIRA, O Direito de edificar: dado ou simplesmente admitido pelo plano?, Anotação ao Acórdão do STA de 1.2.2001, Processo n.º 46 825, *in Cadernos de Justiça Administrativa*, n.º 43, 2004, p. 49 e ss.

— João MIRANDA, "Alterações ao Decurso do Procedimento de Formação de Plano Director Municipal e Protecção da Confiança", *in Cadernos de Justiça Administrativa*, n.º 20, 2000, p. 28 e ss.

Actos normativos:

— RJIGT.

Jurisprudência:

— Acórdão do Supremo Tribunal Administrativo de 23 de Fevereiro de 1999, Processo n.º 44087.

NOTAS DO LEITOR:

CASO PRÁTICO N.º 12: A RESSURREIÇÃO... DA PONDERAÇÃO!

Na fase de discussão pública do procedimento de elaboração do Plano de Urbanização **X**, a Senhora Belarmina da Ressurreição sugere que a proposta de plano apresentada seja modificada no sentido da alteração da localização de um equipamento público que, a ser mantido nas condições previstas, implicaria a expropriação ou a aquisição por via do direito privado de um terreno sua pertença, para o qual já dispunha, inclusivamente, de uma licença de construção de uma moradia familiar.

A resposta que lhe foi dirigida pela câmara municipal apenas referia que a tomada em consideração dessa sugestão implicaria a reponderação de outras opções do plano, que já se encontravam assentes, o que, nessa fase, se demonstrava inviável, decidindo, portanto, não tomar conhecimento do mérito dessa sugestão. De facto, o plano foi aprovado e ratificado nos precisos termos da proposta apresentada a discussão pública.

Questão:

A) Considera admissível a argumentação mobilizada pela câmara municipal? No caso de a sua resposta ser negativa, diga que meio ou meios teria a Senhora Belarmina da Ressurreição à sua disposição para colocar em causa a validade do Plano de Urbanização.

B) Segundo o programa indicativo que acompanhava o plano, esse equipamento público começaria a ser executado cinco anos após a sua entrada em vigor. Passados os cinco anos, e perante a inércia da Câmara Municipal, Belarmina da Ressurreição pretende ver ressarcidos os danos que, na sua opinião, foi obrigada a suportar. Pressupondo que o plano se manteve válido e plenamente eficaz, individualize os danos em causa e refira-se à possibilidade e às modalidades do seu ressarcimento.

Solução:

A)

1. A argumentação utilizada pela Câmara municipal é demonstrativa das insuficiências da previsão de uma mera participa-

ção-audição dos interessados no procedimento de elaboração dos planos, na medida em que, estando já elaborado um projecto de plano, a sua alteração torna-se mais difícil e mais onerosa para a Administração.
2. Em todo o caso, os argumentos aduzidos pela Senhora Belarmina da Ressurreição deveriam ter sido objecto de efectiva ponderação, ainda que pudessem não vir a ser acolhidos na proposta final do Plano, não sendo aceitável a fundamentação para a sua não tomada em consideração, já que o momento da participação sucessiva, sob pena de se converter numa mera formalidade sem sentido, deve possibilitar, se justificada, a revisão da proposta sujeita a discussão pública.
3. A revisibilidade das opções até esse momento assumidas é, assim, um pressuposto de qualquer fase de participação procedimental, sendo que a sua negação implica, no caso em apreço, um efectivo vício de ponderação, já que não foi objecto de consideração no âmbito da elaboração do plano um interesse relevante — o do proprietário do solo que é, inclusivamente, titular de uma licença urbanística.
4. Belarmina da Ressurreição poderia impugnar judicialmente o plano em causa, através de uma impugnação de normas que segue a forma da acção administrativa especial, mas que apenas terá efeitos no caso concreto (declaração de ilegalidade sem força obrigatória geral, nos termos do artigo 73.º, n.º 2 do CPTA), já o plano ainda não foi alvo de três decisões de desaplicação.
5. Caso pretendesse a declaração com força obrigatória geral das normas do plano, à Senhora Belarmina da Ressurreição apenas estaria aberta a possibilidade de requerer a sua impugnação ao Ministério Público, que tem a faculdade de iniciar um processo administrativo com esse objecto independentemente da ocorrência das três decisões de desaplicação da norma em casos concretos (artigo 73.º, n.º 1 e 3 do CPTA).

B)

1. Tendo em consideração o previsto no plano para o terreno de Belarmina da Ressurreição — a construção de um equipamento público —, coloca-se a questão de saber se o acto de licenciamento que havia sido proferido é necessariamente por ele afectado.

2. De facto, porque as normas dos planos apenas valem, de acordo com a regra geral da aplicação das normas do tempo, para o futuro, não afectando situações legalmente constituídas antes da sua entrada em vigor, a afectação das mesmas apenas é possível por uma de duas vias: ou o próprio plano determina expressamente a caducidade da licença atribuída ou essa afectação retira-se implicitamente das disposições concretas do mesmo (designadamente ao prever a implantação de um equipamento público para a área já coberta por uma operação de licenciamento).

3. Neste último caso, terá a Administração, se pretender impedir a concretização da pretensão urbanística da Senhora Belarmina da Ressurreição — e no sentido de impedir o aumento do *quantum* indemnizatório que terá de ser deferido no momento da expropriação — de revogar o acto de licenciamento praticado, o que, a nosso ver, não bule com o carácter tendencialmente irrevogável dos actos de gestão urbanística, já que, verdadeiramente, eles apenas não são livremente revogáveis, podendo nos casos em que tal seja necessário — designadamente por alteração da situação de facto ou de direito que baseou tal decisão — sê-lo, desde que se faça acompanhar tal acto do ressarcimento do dano provocado ao particular.

4. Na primeira situação — a de opção pelo plano do funcionamento da caducidade do acto de licenciamento — a interessada tem direito a ser ressarcida pelos danos provocados pelo plano que a impedem de concretizar um direito pré-existente, o que se enquadra na previsão legal de indemnização das "restrições singulares às possibilidades objectivas de aproveitamento do solo pré-existentes e juridicamente consolidadas" (artigo 143.º, n.º 2 do RJIGT).

5. Na segunda hipótese — a de revogação do acto em virtude da superveniente entrada em vigor do plano —, o ressarcimento devido será fundamentado nos termos gerais previstos para a revogação de actos válidos (artigo 141.º do CPA), na medida em que a afectação do direito não resulta, pelo menos de forma directa, do plano.

6. Acresce, porém, no caso em apreço, que a norma do plano estabelece uma reserva para expropriação que, passados cinco anos desde a sua entrada em vigor, ainda não foi concretizada.

7. Esta é uma das hipóteses de expropriação do plano que, de acordo com a nossa doutrina, inspirada na legislação alemã, deve dar lugar a indemnização, ainda que não se encontre expressamente prevista no artigo 143.º do RJIGT.

8. ALVES CORREIA entende, assim, que, por analogia com a faculdade prevista no artigo 106.º da Lei n.º 2110, de 19 de Agosto de 1961 (Regulamento Geral das Estradas e Caminhos Municipais), Belarmina da Ressurreição terá direito a uma indemnização pelo facto de os seus terrenos se encontrarem reservados para expropriação, passados três anos sobre a entrada em vigor do Plano (o que coincide igualmente com o prazo mínimo de vigência dos planos) e, ao fim de cinco anos, o direito de requerer a expropriação do seu bem.

Doutrina:

— Fernando Alves CORREIA, *Manual de Direito do Urbanismo*, cit., p. 351 e ss. e p. 567 e ss.
— Pedro GONÇALVES, Revogação (de actos administrativos) *in Dicionário Jurídico da Administração Pública*, Vol. VII, p. 316 e ss.

Actos Normativos:

— RJIGT.
— CPTA.
— Lei n.º 2110, de 19 de Agosto de 1961.

Notas do Leitor:

Caso prático n.º 13: Os direitos dos interessados "Preto no Branco"

A Câmara Municipal do município **X** deliberou, no dia 1 de Setembro de 2002, elaborar um Plano de Urbanização para a cidade sede do concelho, área até então apenas regulada pelo Plano Director Municipal. Apesar de este Plano de Urbanização já ter sido aprovado pela Assembleia Municipal, ratificado por Resolução do Conselho de Ministros e publicado em Diário da República, aquela deliberação de elaboração nunca foi alvo de publicação nem de publicitação através da comunicação social ou por intermédio de avisos, como decorreria do disposto nos artigos 74.º, n.º 1 e 77.º, n.º 2 do RJIGT, não se tendo aberto, por isso, qualquer fase de participação preventiva.

Por seu lado, o Senhor Branco das Neves, com a entrada em vigor, no dia 1 de Setembro de 2003, do Plano de Urbanização em apreço, viu um terreno seu, ao qual o Plano Director Municipal reconhecia aptidão edificativa — atribuindo mesmo um concreto índice de ocupação para essa área —, ser transformado, na íntegra, em zona verde privada.

Questões:

A) Sofrerá este Plano de Urbanização de algum vício que afecte a sua validade? Caso responda afirmativamente, de que meio ou meios de reacção dispõe um particular que viu, com base nas prescrições do mesmo, ser indeferido, há um mês, um seu pedido de licenciamento de uma operação de loteamento?

B) Por recurso a que figura(s) jurídica(s) poderia o Senhor Branco das Neves ver a sua esfera patrimonial reintegrada?

Solução:

A)

1. No caso, está patente um vício de procedimento traduzido na preterição de um passo procedimental — a publicação e publicitação da deliberação de início do procedimento, que comporta como consequência necessária, na actual modelação legal, a não realização de uma fase de participação preventiva, na medida em que os elementos que devem ser levados ao conhecimento dos potenciais interessados — que, no

âmbito urbanístico coincidem com toda a comunidade jurídica, pois trata-se de uma matéria que convoca interesses difusos —, constam de tal deliberação.
2. Deste modo, para além de um vício de procedimento, impossibilitou-se a participação preventiva dos interessados — aquela que, em regra, traduz uma maior garantia de consideração no procedimento de elaboração do plano de interesses relevantes que estes hajam carreado para o mesmo —, o que determina a invalidade do plano.
3. Tendo em consideração a existência de um acto administrativo de indeferimento de uma pretensão urbanística fundado nas normas do plano, o particular deve promover a impugnação incidental da norma através da propositura de uma acção administrativa especial de impugnação de acto, tendo por fundamento a invalidade da norma na qual aquele se fundou (artigo 50.º e ss. do CPTA).

B)

1. O Plano de Urbanização que destina o terreno do Senhor Branco das Neves a zona verde privada deve, nos termos da alínea f) do artigo 88.º do RJIGT, prever a estruturação das acções de perequação compensatória a desenvolver na área de intervenção.
2. Em princípio, o funcionamento adequado das mesmas seria suficiente para compensar o Senhor Branco das Neves pela restrição que lhe foi imposta, ao impossibilitar a concretização do específico índice de ocupação para a zona.
3. Caso tal não suceda, e tendo em consideração o carácter supletivo da indemnização, firmado nos artigos 18.º, n.º 2 da LBPOTU e 143.º, n.º 1 do RJIGT, terá de se equacionar, nesta sede, se a mesma é devida.
4. Ora, a situação aqui em causa tem sido apresentada pela doutrina como uma das que, apesar de parecer não se encontrar expressamente prevista no artigo 143.º do RJIGT, determina a indemnização dos prejuízos provocados na esfera jurídica do particular, na medida em que antes da alteração do Plano Director Municipal (por via da elaboração do Plano de Urbanização), o terreno dispunha de aptidão edificativa.

5. Para nós, porém, seria necessário, para que se pudesse firmar a indemnizabilidade das pretensas restrições ao uso do solo, que se procedesse à análise não apenas do disposto no Plano Director Municipal (não esquecendo a margem de discrionariedade que o mesmo confere na apreciação das pretensões para a área), mas igualmente à apreciação da concreta situação em que o terreno se encontra, (*v.g.* se é servido por infra-estruturas viárias, de saneamento, de fornecimento de água, de electricidade etc., que o tornem particularmente apto para a construção).
6. Apenas numa situação destas se pode falar claramente de expropriação do plano que confira direito a uma indemnização.

Doutrina:
— Fernanda Paula OLIVEIRA, "O Direito de edificar: dado ou simplesmente admitido pelo plano?, Anotação ao Acórdão do STA de 1.2.2001, Processo n.º 46 825", in *Cadernos de Justiça Administrativa*, n.º 43, 2004, p. 49 e ss.
— Fernando Alves CORREIA, *Manual de Direito do Urbanismo*, 2.ª Edição, Coimbra, Almedina, 2004, p. 567 e ss.

Actos normativos:
— CPTA.
— LBPOTU.
— RJIGT.

Jurisprudência
— Acórdão do Supremo Tribunal Administrativo de 1 de Fevereiro de 2001, Processo n.º 46825.

NOTAS DO LEITOR:

CASO PRÁTICO N.º 14: TÃO DIFUSOS QUE ESTES INTERESSES SÃO!

O Senhor Aguiar Mota, emigrante há mais de 30 anos na Alemanha, mas interessado no desenvolvimento do direito do ordenamento do território e do urbanismo português, considera que determinadas disposições do Plano Director Municipal do Município X violam, de forma flagrante, normas do Plano de Ordenamento da Orla Costeira aplicável nessa zona e que estabelece faixas de protecção imperativas à linha de costa.

Questões:

A) Qual o vício de que padece o plano em questão?
B) Terá o Senhor Aguiar Mota legitimidade para impugnar o Plano Director Municipal em causa?
C) Será idóneo, para conseguir o efeito jurídico pretendido, que o Senhor Aguiar Mota impugne contenciosamente a Resolução do Conselho de Ministros que "ratificou" o referido plano? A sua resposta seria idêntica se o Senhor Aguiar Mota pretendesse antes reagir contra a deliberação da Assembleia Municipal que aprovou o Plano Director Municipal?

Solução:

A)

1. Nos termos do disposto no artigo 102.º do RJIGT são nulos os planos que sejam aprovados em violação de qualquer instrumento de gestão territorial com o qual devam ser compatíveis e, por maioria de razão, conformes.
2. Ora, a relação que rege os Planos Municipais com os Planos Especiais de Ordenamento do Território é uma relação de hierarquia rígida (n.º 4 do artigo 24.º do RJIGT), motivo pelo qual o Plano Director Municipal do Município X não pode, em caso algum, violar o Plano de Ordenamento da Orla Costeira em causa.

B)

1. Nos termos do artigo 9.º do CPTA o urbanismo é expressamente qualificado como uma matéria que convoca a figura dos interesses difusos, prevista já no artigo 53.º da CRP e na Lei da Acção Popular, aprovada pela Lei n.º 83/95, de 31 de Agosto.
2. Deste modo, a impugnação das normas do plano, nos termos do artigo 73.º, n.º 2 do CPTA, é possível por qualquer interessado residente em Portugal ou cidadão português, já que se trata de um direito de participação cívica e política, ainda que com efeitos limitados ao caso concreto.

C)

1. O procedimento de elaboração dos planos municipais é um procedimento que, embora tendendo para a adopção de um regulamento administrativo, é composto, ao longo do seu *iter* de formação, por vários actos administrativos, precisamente os actos de aprovação municipal e de ratificação governamental (este último, nos casos em que a ela haja lugar, nos termos do artigo 80.º do RJIGT).
2. Como actos administrativos, estes podem ser impugnados judicialmente por vícios próprios, o que não parece ser a situação aqui em causa, em que o vício é próprio do plano.
3. Mesmo que se divisasse um vício do acto da ratificação governamental, a impugnação judicial deste, tendo em consideração que se trata de um acto integrativo da eficácia do plano, apenas determinaria a ineficácia deste.
4. Caso se tratasse de um vício próprio da aprovação pela Assembleia Municipal, considerando o carácter constitutivo deste acto, a respectiva anulação ou declaração de nulidade, através de uma impugnação de actos, implicaria a inexistência do plano.
5. Inovação introduzida pelo novo CPTA refere-se à possibilidade de, por intermédio de uma acção administrativa especial de impugnação de normas se poderem atacar as mesmas quer por vícios próprios, quer por vícios derivados da invalidade de actos praticados no âmbito do respectivo procedimento de aprovação (artigo 72.º, n.º 1, do CPTA).

Doutrina:

— Fernanda Paula OLIVEIRA, "Impugnação de normas ou impugnação de actos?" – Anotação aos Acórdãos do Supremo Tribunal Administrativo de 8 de Julho e de 23 de Setembro de 1997, in *Cadernos de Justiça Administrativa*, n.º 7, 1998, p. 44 e ss.

Actos normativos:

— RJIGT.
— CPTA.
— Lei da Acção Popular, aprovada pela Lei n.º 83/95, de 31 de Agosto.

NOTAS DO LEITOR:

Caso prático n.º 15: Salada russa. *Quid iuris?*

Mobilizando, designadamente, os seus conhecimentos relativos à vinculatividade jurídica dos planos e às relações de hierarquia que entre eles se estabelecem, à dinâmica dos planos e à natureza jurídica destes, analise, separadamente, as seguintes situações referindo como as lograria resolver:

Questões e soluções:

A)

Q: A Administração central pretender instalar um equipamento colectivo numa zona classificada no Plano Director Municipal como zona verde. *Quid iuris?*

S: Sendo os Planos Municipais de Ordenamento do Território vinculativos de todas as entidades públicas, a Administração central, embora as suas operações urbanísticas não estejam sujeitas a licenciamento ou autorização municipal (artigo 7.º do RJUE), deve observar as normas legais e regulamentares que lhes forem aplicáveis, designadamente as constantes dos planos municipais. Deste modo, se o município não alterar, por sua iniciativa, o seu Plano Director Municipal, deverá o Governo, por decreto-regulamentar, suspender o mesmo, desde que invoque a existência de um interesse nacional ou regional de carácter excepcional [artigo 100.º, n.º 2 alínea a) do RJIGT].

B)

Q: A afectação de uma área específica prevista no regulamento e planta de ordenamento é incompatível com o destino que é assinalado no relatório desse plano. *Quid iuris?*

S: De acordo com o disposto no artigo 86.º, n.º 2 alínea c) do RJIGT, o Plano Director Municipal é acompanhado por Relatório fundamentando as soluções adoptadas. Este documento — ao contrário do regulamento, da planta de ordenamento e de condicionantes, que fixam de forma interdependente as normas relativas à ocupação, uso e transformação dos solos —, tem efeitos meramente indicativos e interpretativos das disposições do plano, prevalecendo sobre ele os elementos escritos e gráficos que o *constituem*. Note-se, contudo, que contendo o relatório a fundamentação do plano, este pode ser indiciador de vícios materiais que o afectem, designadamente a irracionalidade ou ilogicidade das disposições do mesmo.

C)

Q: A planta de implantação de um Plano de Pormenor não coincide, na íntegra, com o disposto no seu regulamento, prevendo uma zona de recreio que é completamente omitida no texto do regulamento. *Quid iuris?*

S: Na situação em apreço trata-se claramente de uma ausência não intencional de regulamentação no âmbito do Plano de Pormenor para a área em causa, sendo duvidoso a sua superação recorrendo à figura das alterações sujeitas a regime simplificado que implicam alterações de natureza técnica que traduzam meros ajustamentos do plano. De facto, estas integram, designadamente *"correcções de regulamentos ou de plantas determinadas por incongruência entre os mesmos"* [artigo 97.º, n.º 2, alínea c)], mas, na hipótese concreta, essas correcções implicariam sempre o exercício do poder de planeamento da Administração na determinação constitutiva de regras aplicáveis àquela específica área. Terá, pois, nesta lógica, se as normas do Plano Director Municipal aplicáveis à zona não permitirem preencher este espaço "em branco", de se iniciar um procedimento tendente à criação da norma em falta, que será o de alteração, uma vez que não pressupõe a ponderação global das opções do plano. Aliás, esta tarefa de apreciação entre a coerência do regulamento e das peças gráficas deve, nos termos do Despacho n.º 6600/2004 (2.ª Série), do Secretário de Estado do Ordenamento do Território, ser objecto da informação técnica e jurídica a incluir nos pareceres da Comissão de Coordenação e Desenvolvimento Regional sobre a proposta de plano.

D)

Q: A Câmara Municipal **X** pretende alargar o perímetro urbano da capital de concelho, passando a considerar como zona de urbanização programada uma zona actualmente considerada pelo Plano Director Municipal como espaço natural. *Quid iuris?*

S: As decisões sobre a classificação do solo competem ao município no âmbito da elaboração do Plano Director Municipal (artigo 72.º do RJIGT). Contudo, a definição de quais os solos rurais e urbanos que integram o território municipal não é absolutamente livre pois, por um lado, têm de ser devidamente consideradas as condicionantes ao uso do solo e, por outro, a lei estabelece critérios para que se proceda, legitimamente a essa classificação ou reclassificação. No caso da reclassificação de solo rural para solo urbano — como se pretende na situação em apreço — o legislador estabeleceu o seu carácter excepcional, limitando-a aos casos em que tal for "*comprovadamente necessário face à dinâmica demográfica, ao desenvolvimento económico e social e à indispensabilidade de qualificação urbanística*". Assim, é necessário aduzir uma fundamentação que justifique a estrita necessidade desta opção.

E)

Q: O Município **X** aprovou um Plano de Pormenor de construção de uma zona industrial para uma área limítrofe à qual o município vizinho, em data anterior, havia, no âmbito do seu Plano Director Municipal, previsto a construção de um centro de saúde. *Quid iuris?*

S: Na presente situação está em causa, em termos organizatórios, a violação do princípio da articulação que rege as relações entre planos do mesmo nível hierárquico (como acontece com Planos Directores Municipais vizinhos) e, em termos materiais, a violação do *princípio da separação de usos incompatíveis* (isto é, de usos que se prejudicam mutuamente). Este último é um princípio fundamental da planificação urbanística, que exprime a obrigação de o plano tomar em consideração todas as consequências, designadamente de natureza ambiental, dos tipos e modalidades de utilização por ele estabelecidos. A violação destes princípios determina a invalidade do plano aprovado em último lugar, podendo servir, inclusivamente, para fundamentar a recusa de ratificação deste.

F)

Q: No âmbito do Plano Director Municipal **X,** foi definido que o uso e ocupação de uma área determinada — a área central de um núcleo urbano para o qual se pretendia apostar nos vectores da renovação urbana — apenas seria possível após a aprovação de *"estudos de conjunto"* para a área. Considera admissível esta previsão normativa do Plano?

S: Esta norma do Plano padece de um vício de violação de lei, na medida em que não respeita um princípio essencial da actuação administrativa de planeamento — o princípio da legalidade, na sua dimensão da tipicidade dos planos. De facto, os instrumentos de gestão territorial são apenas os definidos na lei e devem seguir o procedimento e revestir o conteúdo material e documental que esta lhes assinala. Não estando previstos os "estudos de conjunto" no âmbito da LBPOTU e do RJIGT, estes são instrumentos que não podem ser legitimamente convocados para reger o uso e ocupação do solo, nem determinar quaisquer efeitos vinculativos (podendo, se existirem, apenas ser entendidos como inscrevendo normas meramente estratégicas do âmbito municipal). Poder-se-ia, porém, cogitar a hipótese de desencadear um procedimento de alteração sob modalidade simplificada que adequasse a vontade do município à legislação vigente, desde logo fazendo substituir a expressão "estudos de conjunto" pela de "planos de conservação, construção e reabilitação urbana, designadamente de zonas históricas ou de áreas críticas de recuperação e reconversão urbanística" que visam, precisamente, dar resposta às exigências de renovação urbana daquelas áreas [artigo 91.º, n.º 2, alínea c) do RJIGT].

Legislação:

— LBPOTU.
— RJIGT.
— Despacho n.º 6600/2004 (2.ª Série), do Secretário de Estado do Ordenamento do Território, *Diário da República*, II Série, n.º 78, de 1 de Abril de 2004.

NOTAS DO LEITOR:

Caso Prático n.º 16: A "confusão" no cálculo de índices

O Plano Director Municipal do Município **X** define, no seu artigo 33.º, n.º 4, os parâmetros a que devem obedecer as edificações a implantar em *zona de habitação a integrar em B2*.

O Sr. Geraldo Confuso requer pedido de licenciamento para a construção de uma moradia a implantar num terreno de que é proprietário, integrando-se, o mesmo, simultaneamente em *zona de habitação a integrar em B2* e *zona agrícola A* (onde, nos termos do Plano Director Municipal, não é possível edificar).

Questão:

Em face dos dados apresentados, a Câmara Municipal de **X** consulta-o pretendendo saber se os parâmetros urbanísticos definidos naquele artigo do Plano Director Municipal se aplicarão à totalidade da parcela do Senhor Confuso ou somente à área localizada na *zona de habitação a integrar em B2*. Que aconselharia?

Solução:

1. É defensável que toda a área da parcela, independentemente dos usos diferenciados que o Plano Director Municipal lhe assinala, seja considerada para efeitos de aplicação dos parâmetros previstos naquele, não obstante a ocupação para fins habitacionais apenas possa ser concretizada na parte correspondente.
2. Tal assim é por a regulamentação normativa em apreço se encontrar estabelecida num Plano Director Municipal que, muito embora proceda a um zonamento do espaço, classificando e qualificando o solo municipal, não procede, contudo, à sua divisão fundiária.
3. Isto significa, nas situações em que o normativo não refira expressamente que os parâmetros se aplicam apenas à parte do prédio situada dentro da respectiva zona, que os mesmos, precisamente porque o plano não procede à mencionada divisão fundiária, se aplicam à totalidade daquela.

4. Foi a esta mesma solução que chegaram os juristas da Direcção-Geral do Ordenamento do Território e das então Direcções-Regionais do Ambiente e Ordenamento do Território, nas situações em que parte da parcela se encontra em Reserva Agrícola Nacional ou Reserva Ecológica Nacional, mas que terá também de ser feita valer nas situações em que a impossibilidade de construção decorra não de uma restrição por utilidade pública ou servidão administrativa, mas de uma *opção* do próprio plano, como acontece no caso do Plano Director Municipal do Município **X**.

5. De igual modo, a solução da contabilização da totalidade da área da parcela para efeitos de aplicação dos parâmetros do artigo em referência, decorre de elementos teleológico-racionais na sua interpretação. De facto, o que as normas do Plano Director Municipal em causa relativas à zona agrícola pretendem garantir é o condicionamento ou a proibição de realização de operações urbanísticas no seu âmbito territorial de aplicação, finalidade esta que é salvaguardada se apenas se permitir a concretização de tais operações na parte afecta a habitação, nada tendo a ver com o relevo dessa área para a determinação dos índices da parte dos terrenos que se situam fora dela.

6. É também esta a solução que resulta de uma integração adequada aos dados do caso concreto dos princípios jurídico fundamentais que limitam e modelam a actividade planificadora e concretizadora da Administração.

7. É, então, a interpretação extensiva da norma do Plano Director Municipal que, ao abrigo do princípio da ponderação dos bens e interesses relevantes, melhor concilia o interesse privado e os interesses públicos diferenciados que confluem numa mesma propriedade, e que, de acordo com o princípio da proporcionalidade, determina a menor afectação dos interesses públicos e privados na aplicação de tal norma.

Actos normativos:

— RJIGT.
— Informação n.º 112/DGS de 14 de Abril de 2004, homologada pelo Director--Geral do Ordenamento do Território e Desenvolvimento Urbano em 19 de Maio de 2004, sobre a relevância das áreas integradas na REN para efeitos de cálculo de índice de construção (Anexo IV).

NOTAS DO LEITOR:

Caso Prático n.º 17: Lei dura, solução "mole"

O Sr. Henrique Tomás iniciou em 30 de Novembro de 2000 o procedimento conducente ao licenciamento de uma operação de loteamento situada na Travessa 5 de Outubro da capital do Município **X**.

No próprio procedimento, com base em parecer técnico de 22 de Janeiro de 2001, detectou-se que o terreno a lotear se situa parcialmente na faixa de protecção à Via de Cintura Interna (VCI) dessa cidade, de acordo com o disposto no Regulamento do Plano Director Municipal datado de 1990.

Não obstante, a operação veio a ser licenciada por despacho do Senhor Vereador de 5 de Novembro de 2001 que, para o efeito, teve em consideração um posterior parecer técnico datado de 29 de Outubro de 2001, segundo o qual *"a condicionante imposta pela VCI já não se justifica, uma vez que esta deixou de fazer parte do estudo inicialmente apontado"*.

Efectivamente, no momento do licenciamento encontrava-se em elaboração o Plano de Urbanização da Cidade que tinha, como um dos seus objectivos, a alteração do Plano Director Municipal no que se refere ao traçado da referida VCI.

Para o efeito foram inclusive adoptadas medidas preventivas de salvaguarda da *"...implementação das novas perspectivas de desenvolvimento económico e social local, nomeadamente no que concerne à nova concepção viária e de localização de equipamentos"*, que embora tendo sido ratificadas por Resolução do Conselho de Ministros apenas em 29 de Janeiro de 2003, haviam sido já aprovadas pela Assembleia Municipal do Município **X** em 28 de Fevereiro de 2001.

Foi igualmente, pela mesma Resolução do Conselho de Ministros, determinada a suspensão parcial do Plano Director Municipal que abrangia a zona em causa.

Acrescente-se que o terreno objecto de loteamento se encontra, nos termos do Plano de Urbanização em elaboração e das medidas preventivas adoptadas para a sua salvaguarda, fora da faixa de protecção do novo traçado assinalado para a VCI.

Questão:

Pronuncie-se sobre a validade do licenciamento da referida operação de loteamento, na perspectiva da violação do Plano Director Municipal.

Solução:

1. Tendo em consideração que à data do licenciamento se encontrava em vigor o Plano Director Municipal que não permitia aquele licenciamento — e tendo em consideração a regra do *tempus regit actum* — o acto em causa está ferido de nulidade.
2. Nos termos do CPA, o regime jurídico da nulidade está marcado pela radicalidade e severidade das respectivas consequências jurídicas que se traduz, desde logo, no facto de o acto administrativo nulo não produzir quaisquer efeitos jurídicos.
3. Sendo impotente para, no plano jurídico, produzir os efeitos típicos pretendidos pela autoridade administrativa que o praticou, o acto administrativo nulo não corresponde, porém, a um não-acto administrativo ou a um acto administrativo inexistente, já que, apesar de tudo, ele tem autonomia jurídica própria em virtude da posição de supremacia jurídica da Administração face aos particulares, que lhe permite ir procedendo, na prática, como se o acto não fosse nulo.
4. Tal significa que, mesmo sem produzir efeitos jurídicos típicos, o acto nulo pode comandar ou provocar a produção de efeitos materiais mediante a criação de situações de facto que só podem considerar-se-lhe imputadas.
5. A manutenção dos efeitos jurídicos de um acto, apesar da sua nulidade, é mais evidente quando a nulidade dos actos administrativos de licenciamento decorre, como é o caso em análise, de se violarem apenas *normas não condicionadas* de Planos Municipais, ou seja, de normas contidas no instrumento de planificação municipal cujo conteúdo resulta do exercício de uma discricionariedade planificação e não da existência de *standards urbanisticos especiais* ou regras condicionantes (como é o caso das que decorrem do regime das Reservas Ecológica e Agrícola Nacionais, etc.).

6. De facto estão aqui em causa apenas e somente a violação de normas do Plano Director Municipal que se limitam a fixar tipos de uso dos solos. Nestes casos, os vícios que afectam aqueles actos de licenciamento têm, em nossa opinião, *um* grau de gravidade menor na medida em que se trata de um vício resultante de uma desconformidade dos actos de licenciamento com normas do Plano Director Municipal.
7. Apesar de o legislador português ter desenhado um regime único de nulidade, não obstante os diferentes níveis de gravidade dos vícios que lhe estão subjacentes, podemos estar aqui, como defende alguma doutrina, perante uma situação que justifica a *não* aplicação integral do regime dos actos nulos ou, pelo menos, a moderação na aplicação de um regime tão severo como é o da nulidade.
8. Mas, mesmo que se conclua que o inferior grau de gravidade das infracções registadas não permite dispensar uma declaração de nulidade, ainda assim esta pode revelar-se desnecessária e inútil.
9. É que a Câmara Municipal tem em curso o procedimento de elaboração de um Plano de Urbanização para a área onde ocorreu o licenciamento, encontrando-se a operação urbanística licenciada salvaguardada por ele.
10. Com a entrada em vigor deste plano, tais operações ficarão adequadas/conformes com o instrumento de planeamento.
11. Porém, tendo em conta que os actos nulos são insanáveis, em princípio a Administração municipal deverá declarar a nulidade de do acto praticado, de forma a que possa, mediante a apresentação de requerimentos pelos interessados, emitir novos actos de licenciamento conformes às novas normas em vigor.
12. Tal só assim não será (ocorrendo uma regularização automática das situações decorrentes dos actos nulos) se às novas normas do Plano de Urbanização for atribuída uma eficácia retroactiva que poderá resultar de uma disposição explícita nesse sentido ou, implicitamente, do facto de a elaboração do Plano de Pormenor reflectir uma inequívoca motivação regularizadora.
13. Também, por isto, será inútil a declaração de nulidade dos actos que deram origem àquelas operações urbanísticas, na

medida em que elas passarão a estar em conformidade com as normas urbanísticas em vigor.

14. Parece-nos até que, entrando em vigor o plano de urbanização, mesmo que o licenciamento tenha sido declarado nulo, a Câmara Municipal se verá obrigada, perante pedidos de legalização da operação urbanística aqui analisada, a praticar novos actos de licenciamento com o mesmo sentido e conteúdo daquele que foi declarado nulo.

Doutrina:

— Pedro GONÇALVES/ Fernanda Paula OLIVEIRA, "A Nulidade dos Actos Administrativos de Gestão Urbanística", in *Revista do CEDOUA*, nº 3, 1999, p. 17 e ss.

— Pedro GONÇALVES/ Fernanda Paula OLIVEIRA, "A Nulidade dos Actos Administrativos que Investem o Particular no Poder de Realizar Operações Urbanísticas", in *Revista do CEDOUA*, n.º 4, 1999, p. 15 e ss.

Actos normativos:

— CPA.
— RJIGT.
— RJUE.

Jurisprudência:

Acórdão do Supremo Tribunal Administrativo de 21 de Fevereiro de 1996, processo n.º 37 773.

NOTAS DO LEITOR:

Caso prático n.º 18: "Contra-Natura" em defesa da natureza

Tendo em consideração uma determinada operação urbanística de carácter turístico considerada de relevante interesse público para o respectivo município, a Câmara Municipal X decidiu elaborar um Plano de Pormenor de enquadramento da mesma. Considerando que as opções urbanísticas a plasmar neste instrumento de planeamento territorial contrariavam os planos em vigor para a zona (Plano Director Municipal e Plano de Urbanização) foi promovida a respectiva suspensão e adoptadas medidas preventivas de salvaguarda da elaboração do Plano de Pormenor consistentes na sujeição a parecer da Comissão de Coordenação e Desenvolvimento Regional competente.

O promotor da operação turística em causa decide, ainda antes de vigente o Plano de Pormenor, submeter a licenciamento municipal uma pretensão urbanística de carácter turístico que teve, desde o início, uma forte contestação popular. Não obstante, a mesma veio a ser deferida, quer por não contrariar o Plano Director Municipal e o Plano de Urbanização — por se encontrarem suspensos —, quer por ter recebido parecer favorável da Comissão de Coordenação e Desenvolvimento Regional respectiva, na medida em que a pretensão correspondia, na integra, ao projecto de Plano de Pormenor em elaboração.

Questão:

Diga como pode reagir a Associação de Defesa do Ambiente Contra-Natura se entender que as opções constantes do futuro plano são ilegais? Não deixe de ter em conta, na resposta que vier a dar, que o plano em causa não se encontra ainda em vigor.

Solução:

1. A pretensão urbanística em causa foi decidida com base nas medidas preventivas em vigor. Estas, embora em regra de carácter conservatório da situação de facto, podem, como ocorreu *in casu*, ter efeitos antecipatórios das soluções plasmadas no plano em elaboração.

2. Contudo, não se trata de uma verdadeira aplicação antecipada do plano, já que as medidas preventivas, ainda que se refiram aos termos em que o mesmo se encontra a ser elaborado, apenas os tomam em consideração para decidir sobre o destino de uma específica pretensão urbanística, não os aplicando enquanto dados normativos subsistentes, por si só, para permitir o que, apesar de ser proibido nesse momento, é admitido pelo plano em elaboração.
3. Assim, não se encontrando ainda em vigor o Plano de Pormenor, não pode a Associação Contra-Natura impugná-lo, não por falta de legitimidade desta, mas por falta de interesse em agir.
4. Não obstante, uma das vias possíveis de reacção seria a impugnação das próprias medidas preventivas que, de acordo com o artigo 108.º do RJIGT, revestem a natureza jurídica de regulamentos administrativos.
5. Contudo, esta solução não parece a adequada para o caso, visto ter já sido praticado, com base nelas um acto administrativo, tornando inúteis os efeitos da declaração de ilegalidade sem força obrigatória geral que visa, precisamente, evitar a aplicação de uma norma que goza de efeitos directos e imediatos a um caso concreto.
6. Assim sendo, dever-se-ia lançar mão de uma impugnação incidental das normas das medidas preventivas, no âmbito de um processo de impugnação de actos, no âmbito do qual a Associação Contra-Natura também dispõe de legitimidade activa e, agora sim, de interesse processual em agir [artigo 55.º, n.º 1, alínea f) do CPTA].

Doutrina:
— Fernanda Paula OLIVEIRA/ Dulce LOPES, "As Medidas Cautelares dos Planos", in *Revista do CEDOUA,* n.º 10, 2-2002, p. 45 e ss.
— Fernando Alves CORREIA, *Manual de Direito do Urbanismo,* 2.ª Edição, Coimbra, Almedina, 2004, p. 515 e ss.

Actos normativos:
— CPTA.
— RJIGT.

Notas do leitor:

Caso prático n.º 19: Estás suspenso, não intimas!

Fundamentando a sua pretensão no facto de o Plano Director Municipal do Município **X** delimitar uma zona residencial para uma área onde se situa um terreno que havia adquirido meses antes, o Senhor Alfeu Alguidar iniciou um procedimento de licenciamento de uma moradia unifamiliar.

Todavia, depois de ter instruído o procedimento de licenciamento com a aprovação do projecto de arquitectura e com a recepção de todos os pareceres exigíveis sobre os projectos de especialidades, foi surpreendido com o projecto de revisão desse Plano Director Municipal, apresentado em sede de discussão pública, sem que nunca tenham sido aprovadas medidas preventivas para a área, e que previa uma utilização que tornava impossível a contretização da sua pretensão.

Passados três meses, o Senhor Alfeu Alguidar ainda não recebeu qualquer resposta referente ao desfecho do procedimento de licenciamento em curso.

Questão:

Como poderá o Senhor Alfeu Alguidar reagir contra a inactividade da Administração quanto à prática do acto administrativo de gestão urbanística em causa?

Solução:

1. Estando em vigor na área um Plano Director Municipal, o pedido formulado pelo interessado deve seguir os trâmites do procedimento de licenciamento [alínea c) do n.º 2 do artigo 4.º do RJUE];
2. Neste procedimento, mesmo que o particular tenha entregue simultaneamente os projectos de especialidade com o projecto de arquitectura, como admite o artigo 20.º, n.º 4, a entidade administrativa competente deve, primeiro, apreciar o projecto de arquitectura e, apenas após a aprovação deste, apreciar os projectos de especialidade.
3. No caso, em apreço, não tendo havido decisão expressa acerca do projecto de arquitectura, aplica-se o disposto no artigo

112.º, por força da alínea a) do artigo 111.º, ambos do RJUE: a necessidade de recurso à intimação judicial para a prática de acto legalmente devido.
4. Desta decorreria a condenação da Câmara Municipal à deliberação sobre o projecto de arquitectura, sendo fixado um prazo não superior a 30 dias acompanhado da fixação de uma sanção pecuniária compulsória na eventualidade do seu desrespeito, bem como o pronunciamento do juiz relativamente às constrições jurídicas que, não interferindo no âmbito dos poderes discricionários da Administração, modelam o exercício dos mesmos.
5. Porém, esta intimação só seria possível se a Administração estiver imbuída do dever legal de decidir, facto que não ocorre nas situações em que o procedimento se encontre, por qualquer motivo, suspenso.
6. Ora, não tendo sido aprovadas medidas preventivas para a área, entendemos funcionar supletiva, mas automaticamente, a suspensão de procedimentos prevista no artigo 13.º do RJUE que remete para o disposto no artigo 117.º do RJIGT.
7. Assim, caso ainda não tivesse entrado em vigor a revisão do Plano Director Municipal ou decorrido 150 desde a data do início da respectiva discussão pública, os pressupostos de recurso à intimação não se encontrariam preenchidos.
8. Situação oposta aconteceria com a entrada em vigor do novo Plano Director Municipal ou com o decurso do referido prazo, pois, tendo decorrido os 45 dias de prazo legal de decisão [artigo 23.º, n.º 1 alínea c)], ter-se-iam preenchido todos os pressupostos subjectivos e objectivos para a acção prevista no artigo 112.º do RJUE.

Bibliografia:

— Fernanda Paula OLIVEIRA/ Dulce LOPES, "As Medidas Cautelares dos Planos", *in Revista do CEDOUA*, n.º 10, 2-2002, p. 45 e ss.

Legislação
— RJUE.
— RJIGT.

NOTAS DO LEITOR:

Caso prático n.º 20: Brízida e a "Barca da Cautela"

Brízida Vaz apresentou, em Outubro de 2002, na Câmara Municipal X um pedido de licenciamento de uma obra de construção, numa área abrangida por um Plano Director Municipal que havia entrado em vigor em 1991. Em Novembro de 2002 foi publicada a deliberação de início do procedimento de aprovação de um Plano de Pormenor para a zona na qual se incluía o seu terreno, não tendo sido adoptadas medidas preventivas.

Questão:

De acordo com a proposta de Plano de Pormenor colocada a discussão pública, tal como antes, de acordo com o disposto no Plano Director Municipal o pedido de licenciamento de Brízida é viável. Fará sentido, nesta situação, a suspensão do procedimento de licenciamento prevista no artigo 117.º do RJIGT?

Solução:

1. Assumindo o princípio da necessidade como "linha de prumo" que deve pautar o funcionamento de qualquer medida de carácter cautelar, e tendo presente a finalidade que se pretende atingir com medidas deste cariz, entendemos que, numa dimensão material, a suspensão apenas deve afectar os procedimentos cujos pedidos teriam ao abrigo das novas regras urbanísticas uma decisão diferente daquela que se impõe face às regras urbanísticas em vigor.
2. Aliás, era esta a solução que decorria do despacho do Secretário de Estado do Ordenamento do Território e da Conservação da Natureza de 20 de Novembro de 2000 e que veio a ser infirmada, a nosso ver criticavelmente, pelo Despacho do Secretário de Estado do Ambiente e do Ordenamento do Território de 25 de Novembro de 2002.
3. Assim, na situação concreta, em que a operação urbanística merece a mesma solução tanto à luz do actual como do futuro plano — o seu deferimento —, pronunciamo-nos pela suspensão automática dos procedimentos (na medida em que não

foram adoptadas medidas preventivas para a área), mas com levantamento da mesma para o caso.
4. Tal levantamento da suspensão dos procedimentos será objecto de um *acto administrativo* de conteúdo vinculado, designadamente no que se refere à *necessidade* da sua utilização, tratando-se de um acto pelo qual a entidade competente analisa os procedimentos que se encontram suspensos para verificar se se preenchem, *in casu,* os pressupostos para que a suspensão cautelar dos mesmos, determinada por lei, se mantenha.
5. Em caso negativo, como acontece na situação *sub iudicio,* deve dar-se andamento aos procedimentos que se encontravam suspensos, decidindo os pedidos formulados de forma condicionada à entrada em vigor do plano.

Doutrina:
— Fernanda Paula OLIVEIRA/ Dulce LOPES, "As Medidas Cautelares dos Planos", *in Revista do CEDOUA,* n.º 10, 2-2002, p. 45 e ss.

Actos normativos:
— RJUE.
— RJIGT.
— Despacho do Secretário de Estado do Ordenamento do Território e da Conservação da Natureza de 20 de Novembro de 2000 (Anexo I).
— Despacho do Secretário de Estado do Ambiente e do Ordenamento do Território de 25 de Novembro de 2002 (Anexo II).

NOTAS DO LEITOR:

CASO PRÁTICO N.º 21: AZELHICES NO ACTO DE REGISTO

No âmbito do Plano de Pormenor **X,** o Senhor Mário Azelha Senior viu serem-lhe deferidas duas parcelas de terreno destinadas a habitação, com uma área proporcional àquela de um prédio que detinha e que se localizava numa outra zona de intervenção do Plano de Pormenor.

Questão:

Munido da publicação do mesmo em Diário da República, o Senhor Mário Azelha Senior dirige-se à conservatória do registo predial para proceder à descrição e à inscrição destas duas parcelas em seu nome. Poderá fazê-lo?

Solução:

1. Ao contrário das disposições dos Planos Directores Municipais e dos Planos de Urbanização que se movem num quadro de ampla ou apreciável discricionariedade administrativa, não podendo manifestamente, por esse motivo, constituir, por si só — isto é dispensado a prática de um acto posterior de gestão urbanística —, documento comprovativo de autorização para a divisão de determinado prédio em novas unidades prediais, os Planos de Pormenor, ao desenvolverem e concretizarem detalhadamente propostas de organização espacial de qualquer área específica do território municipal, procedem a uma concreta e quase exaustiva definição da situação fundiária da área de intervenção, intervindo sobre ela e procedendo, quando necessário, à sua transformação.
2. Deste modo, é o Plano de Pormenor o instrumento de planeamento territorial que, pela caracterização feita, maiores consequências determinará na conformação do território e do direito de propriedade sobre os solos.
3. Esta mesma dimensão conformadora e constitutiva dos Planos de Pormenor é confirmada pelo disposto no RJUE, que, nos termos estabelecidos no seu artigo 4.º, faz corresponder a

figura procedimental mais aligeirada e célere da *autorização* da realização de operações de loteamento às áreas cobertas por Plano de Pormenor que contenha a maioria das menções previstas no artigo 91.º do RJIGT.
4. Contudo, apesar de nos pronunciarmos sobre a função conformadora da propriedade e dos direitos que sobre ela incidem, resta indagar se o Plano de Pormenor permite fundar directa e de forma auto-suficiente o fraccionamento da propriedade, sendo, assim, um facto suficiente e bastante para efeitos notariais e registrais, características esta de que se pretende prevalecer o Senhor Mário Azelha Sénior.
5. Para Sofia de Sequeira GALVÃO e Luís Pereira COUTINHO, os Planos de Pormenor revestiriam esta característica, pelo menos quando não houvesse lugar ao pagamento de taxas e à realização de cedências, na medida em que artigo 4.º do RJUE ao referir que, para que se lançasse mão do procedimento de autorização, seria desnecessário que o Plano de Pormenor procedesse a uma definição da situação fundiária da área de intervenção que servirá efeitos registrais, tal fundaria a desnecessidade de um qualquer procedimento de autorização de operações de loteamento sempre que o plano fizesse, ele próprio, à recomposição fundiária da sua área de intervenção (definida na planta de implantação).
6. Consideramos, porém, que a existência de um Plano de Pormenor com as menções referidas não dispensa uma operação de loteamento posterior que o concretize, pois, desde logo, tendemos para considerar que as normas do artigo 4.º, n.º 2, alínea a) e n.º 3, alínea a), do RJUE, ao remeterem para algumas das menções previstas no n.º 1 do artigo 91.º do RJIGT, excluindo a relevância da alínea b) do mesmo para definir o tipo de procedimento de gestão urbanística a utilizar, estabelecem, tão-só, uma preferência pelo respeito, quando possível, da situação fundiária anterior ao plano e não permitem concluir pela dispensa de uma qualquer ulterior operação de transformação fundiária.

7. Por seu turno, uma leitura atenta de outras normas ou regimes jurídicos aconselham a continuar a lançar mão de uma operação de loteamento, uma vez que os trâmites posteriores da sua execução devem permitir que o plano possa produzir, em toda a linha, os efeitos para que tende.
8. Assim, é imprescindível articular o regime jurídico urbanístico com o regime das cedências e do pagamento de taxas urbanísticas, que ocorrem com a titulação de uma operação de loteamento por alvará e com os factos relevantes para efeitos registrais, sendo que os actos que são aceites para desencadear tal efeito são, precisamente, os actos de loteamento titulados documentalmente por alvará (cfr., neste sentido, o artigo 54.º do CRPred.).
9. Nesta linha, também vai o artigo 133.º, alínea b), do RJIGT, que, ao referir os efeitos do reparcelamento, considerado uma específica operação de loteamento [artigo 2.º, alínea i) do RJUE], determina que é este o acto que substitui, *com plena eficácia real,* os antigos terrenos pelos novos lotes ou parcelas. Assim se compreende, ainda que não sem alguma ambiguidade normativa, que o artigo 92.º, n.º 2, alínea b) do RJIGT se refira apenas às operações de transformação fundiária *previstas,* nomeadamente para efeitos de registo predial.
10. Destarte, de acordo com o princípio da tipicidade, que implica que sejam registados todos os actos com eficácia real (constitutiva, modificativa ou extintiva), ou seja, para além das acções contempladas no artigo 3.º, todos os factos que interfiram com as vicissitudes dos direitos reais, ao que acresce todos os restantes direitos inerentes aos bens imóveis (que podem não ter natureza real), é, a nosso ver, apenas o licenciamento ou autorização de *loteamento,* titulados por alvará, que devem ser objecto de registo (artigo 2.º, alínea d), do CRPred.).
11. Do exposto se retira que, caso o pedido de registo se funde apenas no plano de pormenor aplicável para a área de intervenção, o conservador deve recusar o registo fundando-se, para tal, no artigo 69.º, n.º 1, alínea b), uma vez que o facto não se encontra titulado nos documentos apresentados.

Doutrina:

— Fernanda Paula OLIVEIRA/ Dulce LOPES, *Implicações Notariais e Registais das Normas Urbanísticas*, Coimbra, Almedina, 2004.
— Sofia de Sequeira GALVÃO/ Luís Pereira COUTINHO, "Transformação fundiária operada por planos de pormenor", *in Revista Jurídica do Urbanismo e do Ambiente*, n.º 20, 2003, p. 103 e ss.

Actos normativos:
— RJIGT.
— RJUE.
— CRPredial.

NOTAS DO LEITOR:

III
EXPROPRIAÇÕES POR UTILIDADE PÚBLICA

Caso prático n.º 22: Ó custódio, vais ter muito que Penar!

Custódio Zeferino, proprietário de uma parcela de terreno, foi notificado, nos termos do n.º 5 do artigo 10.º do CE, da resolução de requerer a expropriação do seu bem, para efeitos de construção de um centro de saúde.

Questão:

Convicto de que a expropriação é ilegal, por a construção do centro de saúde não se encontrar prevista no Plano de Urbanização que abrange a zona, o Senhor Custódio Zeferino impugnou contenciosamente tal resolução. Terá êxito na sua pretensão?

Solução:

1. Com a entrada em vigor do actual CE, foi introduzida a exigência da prática de uma *resolução de expropriar*. Esta, como resulta do artigo 10.º do CE, tem como intenção precípua dar a conhecer ao eventual expropriado as intenções da entidade beneficiária da expropriação de aquisição de um prédio que (ainda) lhe pertence ou de um direito que (ainda) lhe assiste.
2. Nos termos do disposto no CE, a resolução de expropriar é um acto que tem de ser praticado em todos os procedimentos expropriativos, inclusivamente nos urgentes (devendo ser, neste caso, notificado o requerimento conjuntamente com a resolução de expropriar) e os procedimentos de iniciativa oficiosa (em que nem sequer há lugar ao requerimento a que se refere o artigo 12.º do CE), na medida em que, para além de servir de momento relevante para se aferir da boa ou má-fé do expropriado aquando da determinação do montante indemnizatório [como determinam as alíneas c) e d) do n.º 2

do artigo 23.º do CE], é o valor divisado na mesma, enquanto "previsão do montante dos encargos a suportar com a expropriação" e único valor "objectivo" que, até então, consta do processo, que vai ser objecto de posterior dotação orçamental, caução ou depósito.

3. Pela necessidade de prática deste acto, consideramos que o seu papel não se reduz ao mero reconhecimento da sua utilidade na divulgação do procedimento, sendo verdadeiramente o acto que inicia e "orienta" o mesmo e que, sem ele, se encontra inquinado e mesmo inoperante *ab initium* (uma vez que os efeitos que a ele se encontram ligados são insupríveis ao longo do procedimento).

4. Configura, nestes termos, um *acto prejudicial* na condução dos demais passos que integram o procedimento complexo de expropriação e não um mero acto preliminar do mesmo.

5. Mas este relevo não permite, sem mais, a sua qualificação jurídica como acto administrativo, uma vez que ela depende do preenchimento de um conjunto de características e funções que a estes últimos se encontram reservadas.

6. Ora, o Supremo Tribunal Administrativo recusou uma sua pretensa natureza de acto administrativo, pelo facto de ela não extinguir nem modificar a posição jurídica do particular — mantendo este a plenitude do direito de propriedade —, nem sempre ser praticada por um órgão da Administração — podendo ter origem numa pessoa colectiva de direito privado —, e nem sempre desembocar numa expropriação, até porque está sujeita ao controlo posterior da entidade competente para a prática do acto de declaração de utilidade pública.

7. Assim entendida, a ausência ou vícios que afectem a resolução de expropriar podem repercutir-se no acto de declaração de utilidade pública que deve ser praticado com respeito pelas vinculações que o artigo 10.º do CE inscreve, determinando, deste modo, a imputação de um vício de forma em sentido amplo no acto final deste procedimento.

8. No caso, porém, do vício que o Senhor Custódio Zeferino considera existir — o facto de o centro de saúde em questão não se encontrar previsto no Plano de Urbanização da zona

em questão, plano este que, assumindo como o único aplicável para aquela área, deveria inscrever todas as opções de localização de equipamentos públicos, sejam elas próprias do município ou de imputação estadual —, não se pode inferir que haja, necessariamente, um vício de forma, na medida em que nada impede que o procedimento de alteração ou revisão do Plano de Urbanização e o procedimento expropriativo corram em paralelo, desde que se assegure a devida coordenação que permita a articulação do culminar dos dois procedimentos.
9. Contudo, a manter-se a actual redacção do Plano de Urbanização até ao final do procedimento expropriativo e na hipótese da prática de um acto administrativo de declaração de utilidade pública, a circunstância apontada determinaria a nulidade deste acto, por violação do disposto num instrumento de gestão territorial (artigo 102.º do RJIGT).
10. Todavia, se atendermos ao relevo do "factor tempo" e à promoção dos valores da eficácia e eficiência da actuação administrativa, a antecipação do momento de reacção do acto de declaração de utilidade pública contra a resolução de expropriar bem pode constituir um meio relevante de "racionalização" da actuação administrativa e de defesa das posições subjectivas dos particulares.
11. Porém, apesar de ter sido enformada pela intenção de efectivar o princípio da tutela jurisdicional efectiva, é duvidoso que a nova legislação aplicável ao contencioso administrativo passe a permitir uma reacção judicial directa contra a resolução de expropriar, para além do recurso a acções de simples apreciação que tenham como objecto o reconhecimento de actos jurídicos praticados ao abrigo de disposições de direito administrativo, mesmo assim dependentes do árduo preenchimento do pressuposto processual do interesse em agir.
12. Poder-se-ia, igualmente, pensar na aplicação, nos termos previstos no artigo 2.º, n.º 2, alínea c), e no artigo 37.º, n.º 2, alínea c) do CPTA, do reconhecimento do direito à abstenção de comportamentos e, em especial, à abstenção da emissão de actos administrativos, quando seja provável a emissão de um acto lesivo (o que aconteceria no caso se a emissão da resolução de

expropriar não fosse precedida, desde logo, do desencadear do procedimento de alteração ou revisão do Plano de Urbanização).
13. Assim, requerer-se-ia a condenação da Administração à abstenção da emissão de um acto administrativo viciado e, por natureza, lesivo.
14. Todavia, a utilização desta pretensão, passível de ser deduzida por via da acção administrativa comum, merece as nossas reservas por se tratar de uma acção principal (e não meramente cautelar) que, apesar de parecer uma acção declarativa de simples apreciação, implica um "poder de bloqueio" por parte do juiz que, de poder reactivo, passaria a ser um verdadeiro poder activo e dinamizador da ordem jurídica, o que implica, pelo menos a apreciação estrita do pressuposto do interesse processual em agir e o recurso ao genérico artigo 3.º do CPTA, para retirar a ilação de que nunca este pedido poderá ser formulado relativamente a matéria sujeita a apreciação discricionária da Administração.

Doutrina:
— Dulce Lopes "O Procedimento expropriativo: complicação ou complexidade?", *Seminário Avaliação do Código das Expropriações,* Associação Nacional de Municípios/ Instituto de Estradas de Portugal, 2003, p. 19 e ss.
— Dulce LOPES, Anotação ao Acórdão do Supremo Tribunal Administrativo (terceira subsecção do contencioso administrativo) de 26 de Junho de 2002, proferido no âmbito do proc. n.º 047229, *in Revista do CEDOUA,* n.º 12, 1/ 2-2003, p. 77 e ss.
— Fernando Alves CORREIA, *A Jurisprudência do Tribunal Constitucional sobre Expropriações por Utilidade Pública e o Código de Expropriações de 1999,* Separata da Revista de Legislação e Jurisprudência, Coimbra, 2000, p. 94 e ss.
— José Vieira FONSECA, "Principais linhas inovadoras do código das expropriações de 1999", *in Revista Jurídica do Urbanismo e do Ambiente,* n.º 13, 2000, p. 68 e ss.

Actos normativos:
— CE.
— RJIGT.
— CPTA.

Jurisprudência:
— Acórdão do Supremo Tribunal Administrativo de 26 de Junho de 2002, Processo n.º 47229.
— Acórdão do Supremo Tribunal Administrativo de 12.12.2002, Processo n.º 46819.

NOTAS DO LEITOR:

CASO PRÁTICO N.º 23: AS PROVAÇÕES DE ULISSES

No dia 14 de Outubro, o senhor Ulisses da Purificação foi surpreendido, já que não havia sido contactado nesse sentido, com a publicação, na 2.ª Série do *Diário da República,* da declaração de utilidade pública de um dos seus terrenos. Todavia, tal acto apenas continha a identificação do terreno feita a partir de uma planta parcelar que, por ser tecnicamente deficiente, não permitia a definição rigorosa de quais os limites do mesmo, e a indicação de que essa expropriação se justificava pela necessidade de construção de um equipamento público.

Questão:

De que forma e com que fundamentos poderia o senhor Ulisses da Purificação reagir contra esta actuação administrativa?

Solução:

1. O Senhor Ulisses poderia reagir perante a declaração de utilidade pública — o acto correspondente ao momento constitutivo do procedimento expropriativo — através de uma acção administrativa especial de impugnação da mesma, visando a sua declaração de nulidade.
2. O fundamento para esta acção encontra-se, desde logo, no carácter indeterminado do respectivo objecto, gerador da nulidade do acto nos termos do artigo 133.º, n.º 2, alínea c) do CPA.
3. Acresce não se encontrar o acto devidamente fundamentado, na medida em que não pode o fim da utilidade pública que justifica a expropriação ser identificada de forma genérica, mas concreta, para, inclusive, possibilitar a reacção posterior do particular nas hipóteses de desvio do fim invocado.
4. De igual modo, este acto viola o princípio da proporcionalidade que informa a actuação da Administração também em matéria de expropriações, na medida em que não se cumpriu a exigência de considerar o desencadeamento deste procedimento como a última alternativa da Administração.

5. De facto, esta, não tendo invocado nem fundamentado o carácter urgente da expropriação, e não tendo tentado adquirir o bem "por via do direito privado", não deu cumprimento às exigências de necessidade na sua dimensão instrumental decorrentes daquele princípio.

Actos normativos:
— CE.
— CPA.
— CPTA.

NOTAS DO LEITOR:

CASO PRÁTICO N.º 24: E A EXPECTATIVA MURCHOU...

Em 10 de Março de 2004, tendo em vista a indigitação de Guimarães como a capital nacional da Cultura de 2006, o empresário Asdrúbal Murcho, dono de um hotel de quatro estrelas com capacidade de 200 camas, ancorado no facto de as perspectivas de ocupação de camas para o ano em referência serem bastante elevadas e dado a insuficiência de alojamento de qualidade na cidade, requereu ao Ministro que tutela o turismo que desencadeasse o procedimento de expropriação de direitos de arrendamento de um prédio sua pertença constituído em propriedade horizontal, e que se localiza junto ao hotel.

Questão:

Admitindo que o zonamento da área do hotel e do prédio feito pelo Plano Director Municipal a definia como zona de habitação e serviços, considera que a pretensão do senhor Asdrúbal Murcho pode proceder?

Solução:

1. Coloca-se, neste caso, várias questões atinentes à delimitação do objecto da figura da expropriação, relacionadas, desde logo, com a possibilidade de serem expropriados direitos reais menores relativamente ao direito de propriedade ou de crédito com eficácia absoluta, dependendo da perspectiva de que se parta, e com a admissibilidade de expropriações em que a entidade beneficiária da expropriação é uma entidade privada.
2. A resposta à primeira das interrogações não pode deixar de ser positiva, como é expressamente admitido no n.º 1 do CE, ao referir os *"bens imóveis e os direitos a eles inerentes"* como objectos passíveis de expropriação. É neste ponto que é usual proceder-se à distinção entre as situações de caducidade automática — dispensando a expropriação do direito de propriedade uma expropriação autónoma dos direitos sobre ele incidentes, ainda que os titulares dos mesmos sejam considerados como interessados para efeitos de condução dos

procedimento e processo administrativo de expropriação — e as situações de expropriação autónoma — em que, como no caso em apreço, a propriedade do bem já pertence à entidade beneficiária da expropriação, pretendendo ela apenas aumentar as suas faculdades de utilização do mesmo.

3. Ainda assim, até pela dificuldade de qualificação do vínculo de arrendamento e o facto de ele se encontrar intimamente ligado com o direito fundamental à habitação protegido em termos constitucionais, o nosso legislador trata as situações de arrendamento de forma diferenciada. Deste modo, no artigo 9.º, n.º 2 do CE só considera como interessado o arrendatário habitacional de prédio urbano quando este prescinda de realojamento equivalente, adequado às suas necessidades e daqueles que com ele vivam em economia comum à data da Declaração de Utilidade Pública.

4. Como segundo núcleo problemático, coloca-se a questão de saber se pode haver expropriações em benefício de entidades privadas. Esta possibilidade é expressamente admitida no artigo 14.º, n.º 5, em que refere que o *"reconhecimento do interesse público requerido pelas empresas e a declaração de utilidade pública da expropriação dos imóveis necessários à instalação, ampliação, reorganização ou reconversão das suas unidades industriais ou dos respectivos acessos é da competência do ministro a cujo departamento compete a apreciação final do projecto"*, mas não é completamente clara.

5. Neste ponto, coloca-se em causa o corolário do interesse ou utilidade pública que enforma todas as actuações da Administração, em se procurar saber até que ponto os interesses primacialmente privados interessam ao direito público para que o Estado deles se ocupe.

6. Coloca-se, mais importantemente, a questão de saber se, em face do actual CE, apenas as unidades industriais podem ser beneficiárias do instituto da expropriação, ao que se tende a responder que também todas as actividades privadas ou exercidas por privados que, em legislação própria, possam ser modeladas pelo instituto da utilidade pública devem ser incluíveis neste preceito.

7. Consideramos, assim, que a possibilidade de concessão de utilidade turística, ao abrigo de legislação especial do sector (Decreto-Lei n.º 423/83, de 5 de Dezembro, alterado pelo Decreto-Lei n.º 38/94, de 8 de Fevereiro), permite desencadear os efeitos previstos no CE.
8. Posteriormente, há que ter particular atenção à aplicação combinada ou conjugada de dois actos administrativos, o que determina que, relativamente a cada um, se devam ter de cumprir os prazos e os termos da reacção. Ora, como já afirmou o Supremo Tribunal Administrativo, *"impugnado um acto que expropriou o direito de arrendamento de um determinado imóvel a requerimento de um hotel a quem, por acto administrativo consolidado na ordem jurídica, fora atribuída utilidade turística, não é pertinente, para obter a anulação daquele acto, a invocação de pretensas ilegalidades do referido despacho atributivo de utilidade turística"* (Acórdão de 20 de Junho de 1995, proferido no âmbito do processo n.º 34544).
9. Ainda, coloca-se a questão da actualidade do interesse público que funda a Declaração de Utilidade Pública que, neste caso, com toda a indeterminação que este conceito comporta parece estar preenchida, apesar do distanciamento de dois anos. Porém, esta dilação temporal já nos parece ser excessiva para fundar, desde logo, uma declaração de utilidade pública com carácter de urgência que se pretende, com o desencadeamento do procedimento em tempo útil, precisamente evitar.
10. No essencial, porém, a presente questão liga-se à própria legitimidade de mobilização do instituto da expropriação por utilidade pública que exige que o interesse público que com ele se visa satisfazer seja permanente (ou tendencialmente permanente). Nas situações em que o mesmo seja, à partida, limitado em termos temporais, como sucede no caso, o instituto que mais idóneo se revela é o da requisição de bens imóveis que, precisamente, tem como limite temporal o período de um ano, contado nos termos do artigo 279.º do Código Civil.
11. Este instituto, regulado nos artigos 80.º e seguintes do CE, aproxima-se de uma figura de cariz obrigacional em função dos obrigações assumidas pela entidade beneficiária do mesmo

que deve, desde logo, restituir o imóvel, no termo da requisição, no estado em que se encontrava, havendo lugar ao pagamento de justa indemnização que visa compensar o proprietário do imóvel pela privação ou limitação de uso do mesmo.

12. Contudo, para se lançar mão da requisição, determinada através de Portaria do Ministro responsável pela área, *in casu*, da cultura, é ainda necessário que previamente se verifiquem os requisitos de urgente necessidade e que esteja em causa um interesse público nacional, como tal reconhecidos por Resolução do Conselho de Ministros (artigo 82.º do CE).

Actos normativos:

— CE.
— Decreto-Lei n.º 423/83, de 5 de Dezembro, alterado pelo Decreto-Lei n.º 38/94, de 8 de Fevereiro.

Jurisprudência:

— Acórdão do Supremo Tribunal Administrativo de 20 de Junho de 1995, Processo n.º 34544.

NOTAS DO LEITOR:

CASO PRÁTICO N.º 25: DA CRUZ À SALVAÇÃO

Em 1 de Janeiro de 2003, a Assembleia Municipal do Município X deliberou declarar a utilidade pública de uma parcela de terreno, pertencente ao Senhor Christophe de Jesus, emigrante na França, para fins de construção de um parque infantil, conforme previsão do Plano de Urbanização Z.

A declaração de utilidade pública foi publicada na II Série do Diário da República em 1 de Fevereiro de 2003, tendo sido outorgada, no dia 15 do mesmo mês, a escritura de expropriação amigável, uma vez que se havia chegado a acordo quanto ao montante da indemnização.

Contudo, ao voltar para passar férias da Páscoa em 2004, o Senhor Y vê edificado nesse terreno uma praça de touros.

Questões:

A) Que poderá fazer o Senhor Christophe de Jesus para reagir contra esta situação?

B) Suponha agora que o Senhor Christophe de Jesus, logo no momento em que foi contactado para vender o seu bem "por via do direito privado", nos termos do artigo 11.º do CE, e perante a utilidade que reconhecia à construção de um parque infantil, decidiu vender o mesmo, até por um valor, nominal à Câmara Municipal. A sua resposta seria idêntica à dada na alínea anterior?

Solução:

A)

1. Nos casos em que o bem expropriado não seja aplicado ao fim constante da declaração de utilidade pública, seja por omissão [situação expressamente constante da alínea a) do n.º 1 do artigo 5.º] seja por acção, como no caso vertente (hipótese não expressamente prevista mas admitida pela doutrina), há lugar a reversão do bem expropriado.
2. Esta configura uma garantia do expropriado e um factor de moralização das expropriações, funcionando na prática como

contendo a declaração de utilidade pública uma condição resolutiva (ligada à efectiva aplicação ao fim nela delineado).
3. A reversão deve ser requerida à entidade que houver declarado a utilidade pública da expropriação até três anos a contar da ocorrência do facto que a originou sob pena de caducidade, o que, em virtude de se tratar de um critério objectivo, pode determinar uma desprotecção jurídica do particular. Pense-se no caso de o imigrante apenas ter visitado Portugal quatro anos depois da assinatura do acordo.
4. O sub-procedimento administrativo de reversão e o respectivo processo judicial são os previstos nos artigos 74.º e seguintes, sendo este último, após a entrada em vigor da Lei n.º 13/2002, de 19 de Fevereiro, competência dos tribunais administrativos.

B)

1. Segundo o disposto no artigo 11.º do CE, a aquisição impeditiva do recurso à declaração de utilidade pública, deve ser tentada e concretizada por "via do direito privado".
2. No entanto, e sabendo nós que a qualificação legal não é "vinculativa", há que indagar qual a verdadeira *natureza jurídica* deste contrato, por forma a dilucidar quais os efeitos jurídicos substantivos e contenciosos que lhe devem andar associados, designadamente para aferir se o Senhor Christophe de Jesus goza, também nesta hipótese, do direito de reversão.
3. Parece-nos que, pelo facto de este ser um acto jurídico bilateral substitutivo da prática de um acto de autoridade — a declaração de utilidade pública —, logo um *contrato com objecto passível de acto administrativo* (classificação esta que dispõe de reflexos legais no artigo 185.º do CPA), não pode ser intitulado, tão-só, de contrato de direito privado.
4. Ainda a concorrer neste sentido, podemos invocar a limitação ao valor da proposta de aquisição (por forma a não o distanciar muito do valor real do terreno); o facto de, por este meio, se poder derrogar o regime jurídico imperativo da unidade de cultura (artigo 11.º, n.º 7, do CE); e a proliferação, na prática,

de aquisições que não são meras compras e vendas, mas permutas, em que a contraprestação da Administração se cifra, por exemplo, no compromisso de aumento do índice de construção do terreno sobrante, portanto, no exercício de poderes de autoridade.
5. Assim, deste exorbitante ambiente jurídico-público, retira-se que, ou se considera configurar esta aquisição um contrato de direito privado administrativo, a que se ligam especiais faculdades administrativas, ou um verdadeiro contrato administrativo que deve ser incluído no âmbito desta jurisdição.
6. Deste modo, qualquer que seja a posição doutrinária adoptada, ela não pode afectar a posição jurídica do particular em face do bem que, em virtude de um acto jurídico bilateral, já não integra a sua esfera patrimonial, encontrando-se, agora, afecto a uma finalidade pública específica.
7. Nestes termos, parte da doutrina pronuncia-se pela admissibilidade do direito de reversão também neste caso, por um argumento de *maioria de razão,* já que, sem esta garantia, os particulares que tivessem colaborado com a Administração ficariam mais desprotegidos do que aqueles que adoptaram uma posição avessa à cooperação, tendo acabado por ser expropriados.
8. Não obstante, o Supremo Tribunal Administrativo já considerou, por várias vezes, não ser este o meio idóneo para reagir contra o incumprimento, por parte da Administração ou do contraente privado na esfera jurídica do qual ingressou o bem (apesar de nas hipóteses *sub iudicio* ter ocorrido um acto de declaração de utilidade pública, este Tribunal considerou que a celebração posterior de um contrato de compra e venda "em moldes privados" para operar a adjudicação do bem veda o recurso ao procedimento de reversão).
9. Mais recentemente, porém, contrariamente à jurisprudência referida, o mesmo Tribunal considerou existir direito de reversão quando tenha sido celebrado um contrato de transferência do bem, após a sua declaração de utilidade pública (Acórdão de 2 de Junho de 2004, proferido no âmbito do Processo).

10. Ainda assim, o princípio da utilidade pública, considerado um pressuposto de legitimidade do procedimento administrativo (artigos 1.º e 2.º do CE), associado à proibição de modificação unilateral do objecto do contrato previsto no artigo 180.º, alínea a) do CPA, permite chegar às mesmas conclusões — *maxime* à desvinculação contratual e à repetição do prestado.

11. Esta pretensão pode, desde logo, fundamentar-se na existência de um vício de vontade (que não erro, mas muito provavelmente dolo) ou numa alteração superveniente das circunstâncias, o que é tanto mais possível quando esta aquisição deve ser sempre precedida da resolução de expropriar que vincula este contrato (mesmo na ausência de referência expressa no mesmo) a um fim específico de utilidade pública.

Doutrina:

— António Pinto MONTEIRO, *Erro e Vinculação Negocial*, Almedina, Coimbra, 2002.
— Dulce Lopes "O Procedimento expropriativo: complicação ou complexidade?", *Seminário Avaliação do Código das Expropriações*, Associação Nacional de Municípios/ Instituto de Estradas de Portugal, 2003, p. 19 e ss.
— Fernanda Paula OLIVEIRA, "Há expropriar e expropriar... (ou como alcançar os mesmos objectivos sem garantir os mesmos direitos), in *Cadernos de Justiça Administrativa*, n.º 35, 2002, pp. 41 a 51.
— Fernanda Paula OLIVEIRA, *Direito do Urbanismo*, 2.ª Edição, Coimbra, CEFA, 2001, p. 99 e ss.

Actos normativos:

— CE.
— CPA.

Jurisprudência:

— Acórdão do Supremo Tribunal Administrativo de 22 de Novembro de 2000, Processo n.º 35703.
— Acórdão do Supremo Tribunal Administrativo de 29 de Março de 2001, Processo n.º 35532.
— Acórdão do Supremo Tribunal Administrativo de 5 de Março de 2002, Processo n.º 35532.
— Acórdão do Supremo Tribunal Administrativo de 20 de Novembro de 2001, Processo n.º 35703.
— Acórdão do Supremo Tribunal Administrativo de 2 de Junho de 2004, Processo n.º 030256.

Notas do leitor:

Caso prático n.º 26: A morte e a ressureição nas expropriações

O Senhor Doutor Arsénio Boamorte viu ser declarada pela Assembleia Municipal **X** a utilidade pública com carácter de urgência de um dos seus múltiplos terrenos, tendo o Município começado imediatamente a utilizar o bem para a finalidade que havia motivado a expropriação e se encontrava prevista no Plano de Urbanização que abrangia a zona.

Questão:

Vinte meses mais tarde, sem nunca ter sido contactado para efeitos de pagamento da indemnização por expropriação e já impaciente com a demora, o Senhor Doutor Arsénio Boamorte pretende saber quais as vias de que dispõe para reaver a posse sobre o seu bem.

Solução:

1. De acordo com o disposto no artigo 14.º, n.º 2 do CE, quando se vise a concretização de um Plano de Urbanização ou de um Plano de Pormenor, e desde que a operação seja de iniciativa da Administração local autárquica, a competência para emanar a declaração de utilidade pública transitou do Ministro competente pela área em questão para a Assembleia Municipal, como sucedeu no caso em concreto.
2. Contudo, tendo havido declaração de utilidade pública com carácter de urgência e a tomada de posse administrativa que nela se encontra co-envolvida (artigo 15.º do CE), a Administração municipal desinteressou-se dos demais passos processuais que deveria ter levado a cabo, enquanto entidade beneficiária da expropriação (artigo 42.º, n.º 1 do CE).
3. Assim, caso não fosse dada qualquer garantia ao particular, este veria o seu direito ao pagamento de uma indemnização justa ser adiado *sine die,* com violação flagrante da sua posição jurídica constitucionalmente tutelada.
4. Para evitar esta situação, o CE prevê duas formas de reacção: uma de cariz processual e outra de cariz substantivo.

5. Quanto à primeira, e se o particular tiver interesse directo no deferimento da indemnização, o artigo 42.º, n.º 2, alínea b), confere ao expropriado ou interessado a faculdade de fazer substituir o papel que deveria ser desempenhado pela entidade beneficiária da expropriação pelo do juiz de direito da comarca do local da situação do bem, sempre que o procedimento de expropriação sofra atrasos não imputáveis ao expropriado ou demais interessados que no seu conjunto ultrapassem 90 dias, contados nos termos do Código Civil.

6. No que à segunda diz respeito, coloca-se a possibilidade de o interessado requerer a declaração de caducidade da declaração de utilidade pública que terá como efeitos a cessação da eficácia deste acto e a extinção do procedimento expropriativo, voltando o bem para a total disponibilidade do expropriado (isto porque a declaração de utilidade pública havia determinado não a ablação do direito mas uma sua oneração pela sujeição à expropriação).

7. No que se refere aos pressupostos de recurso à caducidade, estes encontram-se preenchidos no caso, já que a mesma ocorre quando não seja promovida a arbitragem no prazo de um ano ou o processo de expropriação não for remetido ao tribunal competente no prazo de 18 meses, em ambos os casos a contar da publicação da declaração de utilidade pública (cfr. n.º 3 do artigo 13.º).

8. Quanto ao regime da caducidade do acto de declaração de utilidade pública, previsto no artigo 13.º do CE, para além de um encurtamento de prazos e de previsão de um regime especial para obras contínuas, os seus efeitos operam *erga omnes* sendo oponível a todos os interessados.

9. Porém, e com relevo sobretudo nas situações em que tenha havido posse administrativa do bem e inicio das obras, introduziu-se agora a possibilidade de *renovação da declaração de utilidade pública*, que, ainda que gravosa para o particular, configura uma forma de aproveitamento procedimental de mais-valia considerável para a Administração (cfr. n.º 5 do artigo 13.º do CE).

10. Contudo, o particular não fica totalmente desacautelado na medida em que pode optar pela fixação de uma nova indemnização referida ao momento da renovação da declaração de utilidade pública (ou por uma actualização da anterior, hipótese esta não possível no caso por ela não ter chegado a ser deferida).

11. Note-se, contudo, que a renovação da declaração de utilidade pública apenas pode ser determinada no prazo máximo de um ano a contar da verificação dos pressupostos de recurso à caducidade, estando este, no caso concreto, cumprido — cfr. n.º 5 do artigo 13.º. Se eventualmente o mesmo já tivesse decorrido restaria à entidade beneficiária da expropriação, caso mantivesse interesse na mesma, requerer uma *nova declaração de utilidade pública para o mesmo fim*, embora esta não se encontre expressamente prevista no CE para este efeito.

Bibliografia:
— Luís Perestrelo de OLIVEIRA, *Código das Expropriações Anotado*, 2.ª Edição, Coimbra, Almedina, 2000, p. 68 e ss.

Legislação
— CE.

NOTAS DO LEITOR:

CASO PRÁTICO N.º 27: OS PRAZERES DE UMA BOA INDEMNIZAÇÃO

Marianela Prazeres dos Santos, proprietária de um terreno localizado em área classificada como área de construção pelo Plano Director Muncipal X que, embora já tenha sido ratificado ainda não foi publicado, foi notificada em 12 de Janeiro de 2004, da declaração de utilidade pública da expropriação desse imóvel para efeitos de construção de um ramal de acesso à auto-estrada.

Questões:

A) Como deve qualificar-se o terreno da Senhora Prazeres dos Santos para efeitos de cálculo da indemnização?
B) Suponha que, após a notificação da resolução de expropriar, a Senhora Prazeres dos Santos introduziu umas benfeitorias úteis no seu imóvel. Serão estas indemnizáveis?
C) Supondo tratar-se de uma expropriação parcial, diga, justificando, se a constituição de uma servidão *non aedificandi* sobre a parte sobrante do prédio confere à Senhora Prazeres dos Santos direito a indemnização?

A)

1. Nos termos do artigo 25.º do CE, os solos classificam-se, para efeitos do cálculo da indemnização por expropriação, em *solos aptos para construção* e *solos para outros fins*, integrando-se nos primeiros aqueles que disponham de qualquer das características indicadas nas várias alíneas do n.º 2 do mesmo normativo.
2. Nos termos da alínea c) deste n.º 2 considera-se solo apto para construção aquele que está destinado, *de acordo com instrumento de gestão territorial*, a adquirir as características descritas na respectiva alínea a), isto é, as características adequadas a servir as edificações.
3. Os mencionados instrumentos de gestão territorial devem, contudo, *encontrar-se já em vigor* na *data da (publicação da) declaração por utilidade pública* para que os referidos solos se integrem na categoria de solo apto para construção.

4. Tal é assim, porque, em primeiro lugar, é a data da (publicação da) declaração de utilidade pública que assume relevo para efeitos indemnizatórios por este ser o acto constitutivo do procedimento expropriativo (cfr. n.º 1 do artigo 24.º do CE) e, em segundo lugar, porque os instrumentos de gestão territorial, como instrumentos normativos que são, apenas produzem efeitos após a respectiva entrada em vigor.

5. Dito assim, teríamos de concluir que, no caso em apreço, porque o Plano Director Municipal, embora já ratificado ainda não foi publicado, e, por isso, ainda não é eficaz, o solo nele classificado como apto para construção não pode ser considerado como tal para efeitos indemnizatórios.

6. Pensamos, contudo, que, na nossa situação, dada a fase procedimental em que o plano em elaboração se encontra — e tendo presente que as fases de registo e de publicação são praticamente automáticas na sequência da sua ratificação — o solo em causa deve considerar-se integrado na classe dos solos aptos para construção, dado dispor de uma vocação edificatória muito próxima (em potência), que deve ser tida em conta para efeitos indemnizatórios, sob pena de esta não poder ser considerada justa.

7. Ainda neste sentido, parece apontar o disposto no n.º 1 do artigo 23.º do CE, *in fine*, ao estabelecer que, para a determinação do cálculo indemnizatório se devem ter em consideração as "*...circunstancias e condições de facto existentes*" à data da publicação da declaração de utilidade pública.

8. Deste modo, um solo que se encontra classificado num instrumento de planeamento territorial ainda não publicado, mas já devidamente ratificado deve considerar-se como estando dotado de vocação edificatória.

9. Acresce que, correspondendo o valor da justa indemnização ao valor real e corrente do bem, não pode deixar de se ter presente que, no mercado normal, dificilmente se deixaria de entrar em linha de conta, na consideração do seu valor, com esta potencialidade.

B)

1. No conceito de justa indemnização incluem-se sempre as benfeitorias necessárias e, em regras, as benfeitorias úteis introduzidas pelo expropriado no bem objecto de expropriação.
2. Contudo, o legislador previu cláusulas de redução da indemnização nas hipóteses em que se presuma haver má fé do expropriado, designadamente nas situações em que este se comporte exclusivamente de forma a aumentar o valor desse mesmo bem.
3. O momento relevante para se aferir da boa ou má fé do interessado foi inclusivamente deslocado do momento do requerimento da declaração de utilidade pública para o da notificação da resolução de requerer a expropriação, pois é com esta que o eventual expropriado toma conhecimento da intenção expropriativa referente ao seu bem.
4. Criticamos contudo a formulação da alínea c) do n.º 2 do artigo 23.º do CE, aqui em causa, por incluir as benfeitorias voluptuárias, na medida em que estas, qualquer que seja o momento da sua realização, nunca são indemnizáveis.
5. Mais ainda, pensamos que a previsão de exclusão das mais valias resultantes das situações referidas nas alíneas c) e d) no n.º 2 do artigo 23.º, apenas deveriam ser excluídas do montante indemnizatório quando se prove, em concreto, ter havido má-fé, e não estarem a coberto de uma presunção inelidível, como parece decorrer deste artigo.

C)

1. Esta questão liga-se à problemática da imposição de servidões *non aedificandi* decorrentes de um processo expropriativo e que determinam a diminuição do valor de parte sobrante do bem que continua (salvo se for requerida a sua expropriação total) na titularidade do seu proprietário originário.

2. A questão da indemnizibilidade deste encargo constituiu uma *vexata quaestio* à luz do anterior Código das Expropriações (Decreto-Lei n.º 438/91, de 9 de Novembro) que, no seu artigo 8.º, seguia o entendimento tradicional da recusa de indemnização das servidões impostas directamente por lei, como acontece com a legislação referida às auto-estradas, em que os limites territoriais da servidão decorrem da mesma, sendo apenas concretizados em face de um seu específico traçado.
3. Porém, já então, o Tribunal Constitucional se pronunciou sobre esta questão, designadamente no Acórdão n.º 193/98, considerando que a norma do anterior Código das Expropriações violava o princípio da igualdade e da justa indemnização, na medida em que não permitia a indemnização de todos os danos (inclusivamente dos mediatos) decorrentes da expropriação, mas apenas nas situações em que o terreno ao qual houvesse sido imposta a servidão tivesse aptidão edificatória.
4. Actualmente, porém, esta questão perdeu parte do seu relevo, pois o artigo 8.º do actual CE determina que as servidões, resultantes ou não de expropriações (não se recuperando o critério de distinção entre servidões legais e administrativas), devem dar lugar a indemnização sempre que essa limitação não corresponder a uma vinculação situacional do solo.
5. Contudo, o actual artigo 8.º, n.º 2, do CE limita de forma excessiva os casos que dão lugar a indemnização, uma vez que apenas a admite em situações extremas de inviabilização de usos ou anulação completa do valor económico do bem, não a prevendo nas hipóteses de diminuição ou redução dos mesmos.

Doutrina:

— Fernanda Paula OLIVEIRA, "A Potencialidade Edificatória e a Justa Indemnização por Expropriação: Análise de um Caso Concreto" in *Revista Jurídica do Urbanismo e do Ambiente*, N.º 9, 1998, p. 9 e ss.

— Fernando Alves CORREIA, *A Jurisprudência do Tribunal Constitucional sobre Expropriações por Utilidade Pública e o Código de Expropriações de 1999*, Separata da Revista de Legislação e Jurisprudência, Coimbra, 2000.

Actos normativos:

— CE.
— Decreto-Lei n.º 438/91, de 9 de Novembro.

Jurisprudência:

— Acórdão do Tribunal Constitucional n.º 193/98, de 19 de Fevereiro de 1998.

NOTAS DO LEITOR:

CASO PRÁTICO N.º 28: MANIPULAÇÃO E INDEMNIZAÇÃO

A senhora Amarília Batista era proprietária de um terreno que se encontrava integrado, à data da publicação da declaração de utilidade pública com carácter de urgência que sobre ele incidiu para fins de construção de uma estação de tratamento de resíduos sólidos e nos termos do Regulamento do Plano Director Municipal em vigor, em *área agrícola* inserida na *Reserva Agrícola Nacional* (RAN).

No processo de expropriação litigiosa, o beneficiário da expropriação veio argumentar que o terreno em causa deveria ser classificado de *solo para outros fins* por não dispor das características referidas nas alíneas do n.º 2 do artigo 25.º do CE, designadamente, não possuir alvará de loteamento ou licença de construção à data da declaração de utilidade pública, nem estar destinado pelo Plano Director Municipal em vigor a adquirir as características mencionadas na alínea a) do referido n.º 2 do artigo 25.º. Para além do mais, argumentava não poder ter-se em consideração, para a determinação da indemnização por expropriação, o fim ou o destino a que o terreno expropriado vai ser destinado, mas apenas a finalidade expressamente prevista para ele pelo Plano Director Municipal em vigor à data da declaração de utilidade pública respectiva.

Realce-se que na área de localização do referido terreno se encontrava em estado adiantado de elaboração, no momento da publicação da declaração de utilidade pública, um Plano de Pormenor, entretanto entrado em vigor, que veio classificar o solo em causa como urbano, destinando-o, precisamente, para aquele específico equipamento colectivo.

Questão:

Qual a classificação adequada para o terreno em causa para efeitos indemnizatórios?

Solução:

1. A declaração de utilidade pública do processo expropriativo em causa foi emanada num momento em que o único instrumento de planeamento territorial *em vigor* era o Plano Director Municipal, que integrava este terreno em Área Agrícola – Reserva Agrícola Nacional.

2. Assim, e tendo em consideração que, nos termos do CE, o momento determinante para a fixação do valor do bem objecto de expropriação, para efeitos de indemnização, é o da *publicação da declaração de utilidade pública*, então, aparentemente, teríamos de concluir tratar-se o mesmo de "*solo para outros fins*".

3. A solução não é, contudo, quanto a nós, de resolução tão linear, por vários motivos. Desde logo, o Tribunal Constitucional já se pronunciou no sentido de considerar ilegítima a integração de solos em servidões ou restrições, designadamente por força de instrumentos de planeamento territorial, com o objectivo camuflado de não permitir usos privados lucrativos, possibilitando, contudo, mediante indemnizações muito baixas, expropriação dos mesmos para edificações de reconhecido interesse público promovidas por entidades públicas (Acórdão do Tribunal Constitucional n.º 267/97, de 19 de Março). Ora, na situação vertente não pode deixar de se considerar que o terreno objecto de expropriação, embora integrado numa área sujeita a restrição de utilidade pública (RAN), vai ser afecto, nos termos constantes da declaração de utilidade pública, para fins edificatórios (construção de um equipamento).

4. Acresce, relativamente ao caso concreto que, não obstante a previsão do Plano Director Municipal, a parcela em causa está já, nos termos do Plano de Pormenor em elaboração destinada, precisamente, para a finalidade específica constante da declaração de utilidade pública.

5. O que acaba de ser referido coloca, de imediato, uma questão de relevo que não pode, de forma alguma, ser descurada: se o Plano Director Municipal integra aquele terreno em área agrícola — Reserva Agrícola Nacional —, como pode a mesma estar a ser destinada para equipamento?

6. Torna-se, assim, fundamental determinar, desde logo, se o Plano Director Municipal permite ou não, afinal, a construção de equipamentos em solos integrados em espaços agrícolas. É que não deve esquecer-se que a *declaração de utilidade pública*, como *acto administrativo* que é, será nula se contrariar o disposto em instrumento de gestão territorial, tal como o determina expressamente o artigo 103.º do RJIGT
7. Não contemplando o Plano Director Municipal a possibilidade de localizar equipamentos fora de áreas urbanas e urbanizáveis, ficaria vedada a construção de equipamentos e grandes infra-estruturas em espaços agrícolas. E não se argumente que no caso vertente a admissibilidade do projecto poderia ter decorrido do funcionamento do regime de excepção previsto no diploma que regula a Reserva Agrícola Nacional: é que este permite excepcionar a aplicação das regras restritivas dispostas no diploma, mas não permite a concretização de operações proibidas pelo Plano Director Municipal em vigor. Trata-se de dois regimes distintos não excludentes.
8. Caso o Plano Director Municipal não impeça aquela finalidade, então a indemnização não pode deixar de ter em consideração este *destino possível* (cfr. n.º 1 do artigo 23.º).
9. Note-se que, se tivermos em consideração o disposto no Plano de Pormenor que, à data da declaração de utilidade pública se encontrava em estado adiantado de elaboração (e que entretanto entrou em vigor) e que destinava aquele terreno, precisamente, para o equipamento que consta expressamente da referida declaração, parece-nos podermos concluir que o plano municipal que o projecto expropriativo tinha em vista não era, afinal, o Plano Director Municipal em vigor à data da publicação da declaração de utilidade pública (que não se lhe referia declaradamente), mas aquele Plano de Pormenor, que expressamente o consagrava.
10. Ou seja, no momento da declaração de utilidade pública e da sua publicação era já facto notório e público que a área em causa ia ser abrangida pelo Plano de Pormenor (a deliberação

da elaboração deste plano e a respectiva publicitação ocorreram muito antes da declaração de utilidade pública), plano que passaria a prever a realização do referido equipamento.

11. As circunstâncias fácticas referidas fazem presumir que a beneficiária da expropriação terá invocado o carácter de urgência da expropriação para, deste modo, antecipar a declaração de utilidade pública relativamente ao plano que efectivamente visava executar (e que integrava o terreno em causa em solo urbano), de forma a, sendo aquela declaração emanada ainda à luz do plano anterior que integrava o terreno em RAN, poder, com isso, manipular as regras referentes à indemnização.

12. Assim, embora o instrumento de gestão territorial em vigor à data da declaração de utilidade pública fosse o Plano Director Municipal (que não permitia a construção de equipamentos), não pode descurar-se que o plano que verdadeiramente o justifica (isto é, o enquadra e permite) é o Plano de Pormenor (não vigente nessa data, mas com elaboração já em tramitação). Verdadeiramente, a expropriação em causa, tendo em consideração o conteúdo daquele Plano de Pormenor, só se compreende juridicamente como execução do mesmo.

13. Deste modo, classificar o solo para efeitos indemnizatórios à luz de um instrumento de gestão territorial que se sabe claramente que vai ser alterado por um novo plano que, embora ainda não vigente é o que enquadra o projecto expropriativo, corresponde a uma clara manipulação das regras urbanísticas e uma total desconsideração da exigência expressa da parte final do artigo 23.º do C.E.: isto é, de tomada em consideração das circunstâncias e condições de facto existentes à data da publicação da declaração de utilidade pública.

14. Sendo assim, o terreno da Senhora Amarília Batista teria de ser classificado para efeitos indemnizatórios, a nosso ver, como *"solo apto para construção"*.

Doutrina:

— José Vieira da FONSECA, "Principais linhas inovadoras do código das expropriações de 1999", *in Revista Jurídica do Urbanismo e do Ambiente,* n.º 13, 2000, p. 35 e ss.

Jurisprudência:

— Acórdão do Tribunal Constitucional n.º 267/97, de 19 de Março de 1997.

NOTAS DO LEITOR:

IV
REGIME JURÍDICO
DA URBANIZAÇÃO E DA EDIFICAÇÃO

1.
Informação Prévia

Caso prático n.º 29: Uma lagoa de indefinição

A Quinta da lagoa verde e azul — Empreendimentos Imobiliários, S.A. apresentou pedido de licenciamento para edificação de um imóvel, na sequência de um pedido de informação prévia que obteve aprovação expressa, por acto praticado pelo Exm.º Sr. Presidente da Câmara Municipal de 4 de Janeiro de 2003, mas notificado à interessada em 23 de Abril. O deferimento do pedido de informação prévia foi feito *"nas condições das informações"* juntas em anexo, da qual constava a obrigação imposta pelo município de concretização da permuta de um terreno municipal por um da requerente.

Em Abril de 2004, antes de decorrido o prazo de um ano sobre a notificação da informação prévia favorável, a proprietária do terreno entregou na Câmara Municipal um requerimento onde solicitava a realização das permutas previstas na informação prévia e o posterior licenciamento da operação urbanística.

Nesta data, encontravam-se já em vigor as Medidas Preventivas para garantia da revisão do Plano Director Municipal (normativo em vigor aquando da emissão da informação prévia), acompanhadas da suspensão deste. Em face do processo de revisão do Plano Director Municipal teme a requerente, devido a rumores que têm vindo a público, que a área onde se situam os seus terrenos venha a sofrer uma alteração substancial quanto ao seu destino.

Questões:

A) Qual o valor jurídico da informação prévia tal como foi aprovada pelo Presidente da Câmara Municipal em Janeiro de 2003 e notificada em Abril do mesmo ano?

B) Qual o significado jurídico e possíveis implicações das condições que lhe foram apostas?

C) Estará a informação prévia emitida, sendo válida mas porventura ineficaz, abrangida pelas restrições decorrentes das Medidas Preventivas adoptadas para a salvaguarda da revisão do Plano Director Municipal?

D) Na hipótese do Plano Director Municipal vir inviabilizar a capacidade construtiva prevista na informação prévia, quais os direitos que assistem à requerente?

Soluções:

A) A informação prévia emitida pelo Presidente da Câmara Municipal em Janeiro de 2003 é uma *informação prévia favorável*, condicionada ao cumprimento das várias exigências expressas nos pareceres/informações que a acompanharam.

B)

1. No que concerne à natureza jurídica das condições impostas naquela informação prévia, a mesma depende, desde logo, de estas estarem dependentes da requerente ou do próprio município.

2. No que diz respeito às condições que estão na dependência da requerente, trata-se de *condições potestativas resolutivas* conjugadas com um *termo resolutivo* de um ano, pelo que se não forem cumpridas neste prazo decaem os direitos que eventualmente poderiam ter decorrido do pedido de informação prévia.

3. No que concerne às condições dependentes do município (designadamente a concretização de permutas), deve ter-se presente que as mesmas foram impostas por este, pelo que considerá-las quer como condições resolutivas, quer como condições suspensivas, implicaria subverter a figura da informação prévia, ao colocar nas mãos da entidade que atribui o direito ao interessado a existência do mesmo, ficando dela dependente, caso não cumprisse aquelas condição, a respectiva extinção ou surgimento.

4. Acresce que a realização das permutas não foi referida na informação prévia de forma condicionada (*"se se vierem a* *realizar*"), mas de uma forma necessária ("*quando se realizarem*"), isto é, a concretização das permutas por parte do município foi assumida como *certa* (por isso as mesmas foram impostas), não tendo ficado sujeita a uma posterior confirmação da vontade do município nesse sentido.

5. Deste modo, a condição imposta deve ser vista não como *condição* para que os efeitos da informação prévia comecem a produzir-se (o que significaria que o direito ainda não estava operativo na esfera jurídica do interessado), mas antes como *condição para que o procedimento de licenciamento possa avançar*, de onde decorre que o titular da informação prévia tem já, na sua esfera jurídica e decorrente da mesma, o *direito ao licenciamento* (este direito está já consolidado e é eficaz), estando apenas a *respectiva concretização* dependente de uma conduta da administração.

6. Acresce que a informação prévia (os termos em que esta é emitida) é *vinculativa* para a Câmara Municipal se o pedido for feito no prazo de um ano.

7. Ora, tendo as requerentes apresentado o respectivo requerimento dentro daquele prazo e tendo o município assumido expressamente na informação prévia emitida a necessidade de realização das referidas permutas (que foram impostas por ele próprio e nunca solicitadas pela interessada), tal significa que o município se *obrigou* (*vinculou*) à concretização daquelas permutas, isto é, à concepção urbanística subjacente aos termos em que a informação prévia foi emitida, cujas permutas são fundamentais para a concretizar.

8. Daqui decorre um direito da interessada à realização das permutas impostas pelo município e, em consequência, ao licenciamento da operação urbanística, visto que uma decisão em sentido contrário ter-se-ia de considerar como um acto revogatório (anulatório), ilegal por incidir sobre um acto constitutivo de direitos válido (a informação prévia favorável).

C) As medidas preventivas em vigor não se aplicam aos pedidos de licenciamento acompanhados de informação prévia favorável emitida antes da sua entrada em vigor (o que é o caso) e quando o Plano Director Municipal chegar à fase de discussão pública não se aplicará também ao procedimento de licenciamento em curso a suspensão dos procedimentos previstos nos artigos 117.º RJUE e 13.º do RJIGT. Isto significa que, neste momento, o município está obrigado a promover a concretização das permutas a que se vinculou com a informação prévia emitida e, uma vez concretizadas estas, a decidir sobre o pedido de licenciamento da operação urbanística de forma favorável.

D)

1. Na hipótese de o Plano Director Municipal, antes da emissão da licença de loteamento, vir inviabilizar a capacidade construtiva prevista na informação prévia duas hipóteses podem ser avançadas.

2. Por um lado, a previsão de novas regras urbanísticas para a zona, pondo em causa a informação prévia, pode ter resultado, uma total desconsideração ou desconhecimento da existência daquele acto, o que indicia uma *falta de ponderação de interesses e direitos* (privados) envolvidos no planeamento por parte da entidade planeadora e, portanto, a invalidade da norma do plano em causa por *falta de ponderação de interesses relevantes*.

3. Neste caso, deve ser pedida a respectiva declaração de ilegalidade na sequência da qual o executivo ficará obrigado a decidir o pedido de licenciamento em conformidade com a informação prévia anteriormente emitida;

4. Por outro lado, tendo sido aquela posição devidamente ponderada, mas, apesar disso, os órgãos planeadores optaram, de forma consciente, pela previsão de regras diferentes das até aí vigentes — situação em que serão válidas as normas do plano —, deve o órgão municipal competente, por imposição do princípio *tempus regit actum*, indeferir o pedido de licenciamento ou de autorização, sob pena de nulidade do acto de controlo preventivo, mas ficando obrigada ao pagamento de uma indemnização ao particular, nos termos do artigo 143.º, n.º 2.

Doutrina:

— Fernanda Paula OLIVEIRA, "Anotação ao Acórdão do Supremo Tribunal Administrativo de 20.06.2002, Processo n.º 142/02, 1ª Secção Contencioso Administrativo", *in Revista do CEDOUA*, N.º 10, 2.2002, p. 97 e ss.

Actos normativos:

— RJIGT.
— RJUE.

Jurisprudência:

— Acórdão do Supremo Tribunal Administrativo de 20 de Junho de 2002, Processo n.º 142/02.

NOTAS DO LEITOR:

CASO PRÁTICO N.º 30: NEM COM MALANDRICES LÁ VAI...

O Sr. Zé Diogo Malandro apresentou um pedido de licenciamento da construção de um edifício para a Rua da Alegria, na sequência de um pedido de informação prévia que veio a obter a aprovação expressa por acto praticado pela Directora do Departamento de Obras Particulares (com competência delegada) do Município X em 30 de Julho de 2003 e notificado por ofício de 3 de Agosto de 2003.

Na base da referida informação prévia favorável esteve o facto de o projecto apresentado se encontrar enquadrado por um Estudo Urbanístico elaborado pelo Departamento de Desenvolvimento e Planeamento Territorial da Câmara Municipal em questão, correspondente à Unidade Operativa n.º 3 prevista no respectivo Plano Director Municipal.

Na sequência da informação prévia favorável, o interessado apresentou, em 12 de Março de 2004, o respectivo pedido de licenciamento (portanto, dentro do prazo de um ano após a notificação da informação prévia favorável), cumprindo com todas as exigências constantes daquele acto.

No âmbito do procedimento de licenciamento, foi novamente consultado o Departamento de Desenvolvimento e Planeamento Territorial que confirmou a inserção do projecto no Estudo Urbanístico desenvolvido para a Unidade Operativa n.º 3 definida no Plano Director Municipal.

Por ofício da Câmara Municipal do Município X datada de 27 de Maio de 2004, o requerente foi informado que havia sido solicitado, no âmbito do procedimento de licenciamento, parecer à Comissão de Coordenação e Desenvolvimento Regional (CCDR), pelo que a decisão final devia aguardar a emissão do referido parecer.

A 18 de Julho de 2004 foi o interessado notificado, por ofício de 15 do mesmo mês, de uma decisão de indeferimento do seu pedido de licenciamento, que determina que " ... *de acordo com a Planta de Condicionantes do Plano Director Municipal, o terreno em questão se encontra parcialmente inserido na mancha da Reserva Ecológica Nacional, facto confirmado pelo Parecer da Comissão de Coordenação e Desenvolvimento Regional, do qual se anexa cópia, pelo que se indefere o pedido de licenciamento*".

Questão:

Que direitos assistem ao Senhor Zé Diogo Malandro no âmbito deste processo?

Solução:

1. A informação prévia favorável emitida pela Directora Municipal ao abrigo de competências delegadas é um acto administrativo constitutivo de direitos — do direito ao licenciamento caso o pedido coincida com o que foi objecto de informação prévia — se o pedido de licenciamento for apresentado ao órgão competente no prazo de um ano a contar da notificação da informação prévia, facto que ocorreu no caso vertente.
2. Estando em vigor um Plano Director Municipal e visando o particular a concretização de uma edificação urbana, não prevê a nossa legislação a obrigatoriedade de consulta à CCDR, sendo, por isso, o parecer que foi solicitado a esta entidade meramente facultativo e, logo, não vinculativo.
3. Acontece, porém, que esta, ao pronunciar-se, invocou a violação do regime da Reserva Ecológica Nacional, facto que, a ser verídico, determina a nulidade dos actos que tenham sido praticados, designadamente o acto de informação prévia favorável.
4. Isto porque se o parecer não é vinculativo, já o é o regime da Reserva Ecológica Nacional, pelo que, determinando este a nulidade da informação prévia concedida, devia o órgão competente declará-la e, consequentemente, indeferir o pedido de licenciamento municipal.
5. Contudo, numa situação como a do caso vertente, pode eventualmente o Senhor Zé Diogo Malandro ter direito a uma indemnização caso a nulidade tenha resultado de uma conduta ilícita dos titulares dos órgãos autárquicos ou dos seus funcionários e agentes, nos termos do artigo 70.º do RJUE.

Actos normativos:
— RJUE.

Notas do Leitor:

Caso prático n.º 31: Confronto de Titãs

O Senhor Carlos Magno, empresário da construção civil, pretende ver aprovada uma operação de loteamento num terreno pertencente ao Senhor Alexandre Grande e para o qual se encontra em vigor um Plano de Pormenor que, contudo, não inscreve determinados elementos concretos tais como os materiais a utilizar e o leque de cores admissíveis na área por ele abrangida. Para tanto, o Senhor Carlos Magno inicia um procedimento de informação prévia que é, no prazo legal, decidido em sentido favorável. Porém, posteriormente, o Senhor Alexandre Grande recusa-se a vender-lhe o prédio.

Questões:

A) Analise a questão da legitimidade do Senhor Carlos Magno, tanto no momento do pedido de informação prévia, como no momento posterior do início do procedimento de autorização ou licenciamento da operação de loteamento em questão.

B) Poderia o Senhor Alexandre Grande munir-se do deferimento do pedido de informação prévia e dos efeitos que lhe andam associados e iniciar, ele próprio, o procedimento de autorização ou licenciamento da operação de loteamento?

C) Indique e justifique, mobilizando as normas legais pertinentes, qual o procedimento de controlo prévio adequado à operação de loteamento mencionada.

D) Suponha que entre o momento do deferimento do pedido de informação prévia e o momento da aprovação da realização da operação de loteamento, entrou em vigor a revisão do Plano Director Municipal daquele município que prevê que aquela zona passará a estar integrada na área imperativa de protecção ambiental que antes apenas a ladeava. Será que, ainda assim, o município pode deferir a realização da operação de loteamento? Se a sua resposta for em sentido negativo, qual a forma de ressarcir o particular lesado?

Solução:

A)

1. Embora a lógica inicial do pedido de informação prévia apontasse no sentido de que a mesma deveria apenas poder ser

solicitada por quem tivesse a mesma legitimidade para apresentar o pedido de licenciamento que lhe segue, o RJUE, veio permitir um alargamento da legitimidade nestas situações a qualquer interessado, exigindo que *quando o requerente não seja o proprietário do prédio, o pedido de informação prévia inclua a identificação daquele bem como dos titulares de qualquer outro direito real sobre o prédio, através de certidão emitida pela conservatória de registo predial*, devendo a câmara municipal notificar o proprietário e os demais titulares de qualquer outro direito real sobre o prédio, da abertura do procedimento (cfr. n.ᵒˢ 3 e 4 do artigo 14.º).

2. Embora este alargamento facilite a possibilidade de um particular interessado na aquisição de um determinado prédio formular um pedido de informação prévia, a verdade é que se o proprietário do prédio não estiver interessado na venda deste, a informação prévia favorável de nada serve ao seu titular, visto que, não obstante esta, ele não terá direito ao licenciamento ou autorização se entretanto não tiver adquirido a titularidade de um direito que lhe confira legitimidade para o efeito.

3. Parece ser esta a razão pela qual o RJUE deixou de referir expressamente ser a informação prévia favorável constitutiva de direitos. É que, efectivamente, ela só será constitutiva de direitos se o seu titular for também titular de um direito que lhe confira legitimidade para requerer a licença ou a autorização.

4. Para além do mais, a possibilidade da formulação de pedidos de informação prévia por quem não é titular de qualquer direito que lhe dê legitimidade para posteriormente vir a requerer a licença ou autorização pode ter a desvantagem de poderem entrar e correr simultaneamente na câmara municipal vários pedidos de informação prévia, eventualmente até para utilizações completamente distintas, que a câmara terá de deliberar (aumentando assim o volume de procedimentos administrativos aos quais tem de dar resposta), enquanto ao abrigo do regime anterior apenas era possível a apreciação, em cada momento, de um único pedido de informação prévia para o mesmo terreno.

B)

1. A informação prévia, como aliás os restantes actos urbanísticos, são actos reais e não pessoais (determinam que operações urbanísticas podem ser realizadas nos terrenos e em que condições, em função das normas que lhe são aplicáveis).
2. Deste modo, a informação prévia favorável teve como efeito a confirmação de que aquela operação urbanística concreta pode, de acordo com as normas aplicáveis, ser licenciada naquele terreno. Ora, sendo o Senhor Alexandre Grande o proprietário do mesmo, tendo, por isso, legitimidade para fazer o pedido de licenciamento, pode, a nosso ver, beneficiar dos efeitos da informação prévia favorável emitida sobre o seu terreno.

C)

1. Estando em vigor, na área em causa, um Plano de Pormenor que, contudo, não contém todos os elementos referidos no n.º 1 do artigo 91.º do RJIGT, o procedimento de controlo prévio a que a operação urbanística terá de se sujeitar é o procedimento de licenciamento.
2. Este pressupõe, designadamente a consulta a entidades exteriores ao município, a apreciação dos respectivos projectos e, caso a pretensão seja para indeferir, a audiência prévia do interessado nos termos do artigo 100.º do CPA.

D)

1. Se após a emissão de uma informação prévia favorável entrarem em vigor novas regras urbanísticas, através da revisão do Plano Director Municipal, que sejam impeditivas da concretização da operação urbanística, pode considerar-se que:
  a) ou a nova opção do plano foi determinada com total desconhecimento da existência daquele acto — o que significa falta de ponderação de interesses (privados) relevantes e, portanto, invalidade daquela opção;
  b) ou, aquele acto foi devidamente considerado e ponderado, ainda assim, os órgãos competentes optado pela consagração de regras que colocam em causa o direito dele decorrente. Nestes casos, as normas do plano são válidas, não tendo a

câmara municipal outra alternativa senão indeferir o pedido de licenciamento ou de autorização, sob pena de nulidade do acto de controlo preventivo [artigo 67º e alínea a) do artigo 68º].
2. Contudo, nesta última situação o particular tem o direito de ser indemnizado, nos termos do disposto no n.º 2 do artigo 143.º do RJIGT, considerando-se a hipótese de existência de uma informação prévia favorável uma *possibilidade objectiva de aproveitamento do solo juridicamente consolidada* — com a informação prévia favorável existe uma situação jurídica consolidada, um direito adquirido: não, obviamente, o direito à efectivação da operação urbanística, mas um direito ao seu licenciamento ou autorização se o projecto apresentado para este efeito corresponder àquele que foi apreciado em sede de informação prévia.

Doutrina:
— Fernanda Paula OLIVEIRA, "O Novo Regime Jurídico de Urbanização e Edificação", *in Revista do CEDOUA*, N.º 8, 2.2001, p. 35 e ss.
— Fernanda Paula OLIVEIRA, "Anotação ao Acórdão do Supremo Tribunal Administrativo de 20.06.2002, Processo n.º 142/02, 1ª Secção Contencioso Administrativo", *in Revista do CEDOUA*, N.º 10, 2.2002, p. 97 e ss.

Actos normativos:
— RJUE.

Jurisprudência:
— Acórdão do Supremo Tribunal Administrativo de 20 de Junho de 2002, Processo n.º 142/02.

NOTAS DO LEITOR:

2.
Loteamentos

CASO PRÁTICO N.º 32: UNIÃO OU DIVISÃO: EIS A QUESTÃO!

O presidente da Câmara Municipal **Y**, através de Despacho de dia 5 de Abril de 2001, revogou, com fundamento em invalidade, o Despacho do anterior Presidente da Câmara Municipal de 4 de Janeiro, que deferiu, com condições, o pedido de licenciamento da construção de um edifício de três blocos habitacionais projectados de forma a encontrarem-se unidos fisicamente através de uma *cave comum*, prevendo-se ainda *instalações gerais comuns, cisternas comuns de água potável, serviço de incêndios*, bem como um *posto de transformação* de onde parte a alimentação eléctrica dos edifícios.

Como fundamento para aquele acto invocou o Presidente da Câmara *vício de procedimento (desvio de procedimento)*, já que foi utilizado o procedimento de licenciamento respeitante à possibilidade de realizar obras sujeitas a licenciamento municipal, em vez do procedimento relativo a licenciamento de operação de loteamento já que a operação determinava a necessidade de criação de áreas verdes e de utilização colectiva bem como estacionamento de utilização pública necessários ao conforto e bem-estar dos futuros utentes.

Questão:

Pronuncie-se sobre os argumentos utilizados como fundamento para o acto de anulação do licenciamento anteriormente proferido

Solução:

1. As operações de loteamento (na vertente que aqui interessa) são as operações que implicam a *divisão em lotes* (1), de *um ou vários prédios* (2) tendo por finalidade o *destino imediato ou subsequente de pelo menos um dos lotes para construção urbana* (3).

2. Uma coisa é a operação em causa justificar, tendo em conta o respectivo impacte urbanístico, a necessidade da exigência da criação de áreas verdes e de utilização colectiva bem como estacionamento de utilização pública necessários ao conforto e bem-estar dos futuros utentes, e outra coisa, completamente diferente, é concluir-se, *apenas por causa disso*, que a referida operação consubstancia um loteamento urbano.
3. Fundamental para a caracterização da operação como loteamento é verificar se estão presentes todos os elementos constitutivos daquele tipo de operação, em especial, a *divisão de prédios em lotes*, o que acontece quando o requerente pretende fazer aprovar num dado prédio projectos de obras para vários edifícios *sem ligação estrutural* ou *com independência funcional*, afectando, assim, partes específicas do solo a unidades distintas.
4. A promoção de uma operação de loteamento (que permite a construção de vários edifícios sobre um mesmo terreno) não deve confundir-se com a constituição de uma só propriedade horizontal para conjuntos de edifícios ou conjuntos imobiliários, que não visa criar novos lotes.
5. Tendo em conta a evolução que o regime da propriedade horizontal veio a sofrer, entre nós, nos últimos anos, ele pode ter por objecto tanto as fracções de um edifício como os edifícios que constituam, eles próprios, fracções ou parcelas de um conjunto mais vasto.
6. Deste modo, a construção de vários edifícios sobre um mesmo terreno pode não configurar um loteamento urbano para efeitos de licenciamento municipal, o que acontece sempre que se trata de uma situação que *possa* e *seja* submetida ao regime da propriedade horizontal, para o que é necessário cumprir cumulativamente os seguintes requisitos: deve tratar-se de *edifícios contíguos*; que entre os referidos edifícios existam *partes comuns*; e que entre estas e cada edifício privativo exista uma *comunhão funcional*.
7. A concreta operação relativamente à qual o requerente solicitou pedido de licenciamento consistia na construção de três blocos habitacionais projectados de forma a encontrarem-se

unidos fisicamente através de uma *cave comum*, prevendo-se ainda *instalações gerais comuns, cisternas comuns de água potável, serviço de incêndios*, bem como um *posto de transformação* de onde parte a alimentação eléctrica dos edifícios. Trata-se, assim, da construção de edifícios contíguos e funcionalmente ligados entre si como o demonstra a existência das referidas partes comuns, correspondendo, deste modo, a operação vertente, às exigências do Código Civil para a constituição de propriedade horizontal.

8. Por esta razão estava em causa, apenas, a *construção dos edifícios* que constituem as unidades ou fracções do conjunto e as infra-estruturas que constituem as partes comuns afectadas ao uso daquelas unidades ou fracções, e não a concretização de uma operação de loteamento.

9. E, a ser assim, o pedido de licenciamento foi correctamente *solicitado* e *tramitado* não se tendo, consequentemente, verificado qualquer *desvio de procedimento*, motivo pelo qual, a respectiva *revogação* enferma de um vício de *falta* ou *erro nos pressupostos*, geradora da respectiva invalidade.

10. Note-se, complementarmente, que nos termos do artigo 57.º, n.º 5 do RJUE, as operações de edificação que envolvam impactes semelhantes a uma operação de loteamento podem ser sujeitas às mesmas exigências destas, desde que tal se encontre previsto em Regulamento Municipal, o que representa uma reacção do legislador do urbanismo ao fenómeno da "fuga ao loteamento".

Doutrina:

— António Pereira da Costa, "Propriedade Horizontal e Loteamento: Compatibilidade", in Revista do CEDOUA, n.º 3, 1-1999, p. 65 e ss.

— Fernanda Paula Oliveira/ Sandra Passinhas, "Loteamentos e Propriedade Horizontal: Guerra e Paz", in Revista do CEDOUA, n.º 9, 1- 2002, p. 45 e ss.

Actos normativos:

— RJUE.

NOTAS DO LEITOR:

CASO PRÁTICO N.º 33: DESTACAR E LOTEAR: VÍCIOS E VIRTUDES

Antonino Preguiça e Marcolina Piedade requereram o licenciamento de uma operação de loteamento para uma área abrangida por Plano Director Municipal e que resultou já de um prévio destaque realizado há sete anos. Contudo, apenas cerca de metade da área do terreno objecto do pedido de licenciamento se encontra inserido em perímetro urbano de acordo com este instrumento de planeamento. A restante área integra-se em zona de Reserva Agrícola Nacional.

Questões:

A) Será possível realizar uma operação de loteamento numa área previamente abrangida por um prévio destaque?
B) Considera viável o pedido de licenciamento formulado?

Solução:

A)

1. No caso das operações de destaque — que são verdadeiras operações de loteamento que, por serem simplificadas e desde que cumpram com determinados requisitos, o legislador isenta de licenciamento ou autorização municipal — a lei determina que o prédio originário (que abrange quer a parcela destacada quer a parcela restante) não pode ser objecto de nova operação de destaque no prazo de 10 anos. Este ónus de não fraccionamento deve ser objecto de inscrição no registo predial (artigo 6.º, n.º 7 do RJUE).
2. Fácil é de ver que o que este normativo pretende vedar não é a realização de novas divisões fundiárias, sujeitas a licenciamento ou autorização municipal, mas a multiplicação destas com um controlo municipal limitado, como aquele que ocorre nas operações de destaque.
3. Deste modo, pronunciamo-nos de forma inequívoca pela possibilidade de sujeição daquela área a uma operação de loteamento.

B)

1. A noção de loteamento urbano constante do RJUE, na sua modalidade mais tradicional de divisão fundiária, não admite expressamente a possibilidade de realização destas operações sobre partes de prédios (loteamento parcial). Apenas o Decreto--Lei n.º 400/84, de 31 de Dezembro, se referia expressamente a esta realidade ao definir como loteamento "as acções que tenham por objecto ou simplesmente tenham por efeito a divisão em lotes de *qualquer área de um ou vários prédios*, destinados, imediata ou subsequentemente à construção".

2. Ademais, os loteamento urbanos apenas são admitidos dentro de perímetros urbanos, de acordo com o artigo 41.º do RJUE, o que, a considerar-se que apenas podem ocorrer sobre um prédio e não parte dele, afastaria a possibilidade de realização destas operações nas hipóteses como a referida.

3. Porém, a definição de quaisquer limites administrativos para além de não poder ser irracional, não pode condicionar excessivamente a esfera de interesses de particulares, determinando, *ad aeternum*, o inaproveitamento urbanístico de uma área.

4. É, assim, defensável a admissibilidade de loteamentos parciais, por estes corresponderem, ainda, à *ratio iuris* da norma que os define. Tal significa que a operação de loteamento e o alvará que a titular apenas devem incidir sobre a parte localizada dentro do perímetro urbano.

5. No que se refere ao tratamento registal desta questão, não consideramos que a parcela excluída do perímetro urbano deva ser qualificada como parcela remanescente, uma vez que, com a intervenção da operação de loteamento passará a ser um prédio distinto e autónomo do restante. Assim, manter-se-á a descrição predial desta, muito embora se proceda a uma sua actualização de áreas [artigos 87.º, n.º 2, 88.º, n.º 1 e 89.º, alínea c) do CRPred.].

6. A parte localizada em Reserva Agrícola Nacional não conta naturalmente para o cálculo dos índices previstos no Plano Director Municipal, uma vez que se encontra excluída do âmbito territorial da operação de loteamento.

Actos normativos:
— RJUE.
— CRPred.
— Decreto-Lei n.º 400/84, de 31 de Dezembro.

NOTAS DO LEITOR:

Caso prático n.º 34: Muda-se a casaca e o urbanismo na mesma...

Arminda Botas apresentou na Câmara Municipal X um pedido de realização de uma obra de construção, devidamente instruído com o projecto de arquitectura e os projectos de especialidades, numa área abrangida por alvará de loteamento.

Questões:

A) Qual o procedimento administrativo que Arminda deve iniciar e quais as principais características que o mesmo reveste em face da nossa legislação urbanística?

B) Passado o período legal de decisão, Arminda não foi notificada de qualquer deliberação da câmara municipal, nem de qualquer decisão do respectivo presidente. Que poderá fazer na hipótese de a Câmara Municipal se recusar a liquidar e receber as taxas devidas?

C) Imagine que a Senhora Arminda vende o seu prédio ao Senhor Belarmino Casaca, que lhe pretende acrescentar um anexo que não se encontra previsto no alvará de loteamento, alegando não se encontrar vinculado pelas especificações do mesmo. Terá a argumentação de Belarmino qualquer provimento?

D) Suponha agora que a Câmara Municipal, em virtude da entrada em vigor de um Plano de Ordenamento da Orla Costeira para a área, altera as condições do loteamento em causa, implicando a demolição parcial da obra concluída pela Senhora Arminda. Quais as consequências que esta alteração do quadro normativo aplicável determina na esfera jurídica do titular do prédio?

Solução:

A) Estando em vigor para a área uma operação de loteamento, o procedimento aplicável é o de autorização administrativa [cfr. artigo 4.º, n.º 3, alínea c) do RJUE], que se caracteriza por não existir consulta a entidades exteriores ao município nem, formalmente, uma fase de apreciação de projectos, embora esta deva existir do ponto de vista material, se tivermos em consideração os motivos, previstos no artigo 31.º do

RJUE, que podem ser actualmente invocados para indeferir o respectivo projecto.

B) Não tendo havido no caso decisão final do procedimento por parte do Presidente da Câmara Municipal — titular desta competência nos procedimentos de autorização, como decorre do n.º 2 do artigo 5.º do RJUE —, considera-se tacitamente deferida a pretensão formulada podendo o interessado iniciar e prosseguir a execução dos trabalhos de acordo com o requerimento apresentado [alínea b) do artigo 111.º e n.º do artigo 113.º do RJUE]. Contudo, o início dos trabalhos depende do prévio pagamento das taxas que se mostrem devidas, sendo que, caso a Câmara se recuse a liquidar ou receber as mesma, deve a Sr.ª Arminda proceder ao seu depósito nos termos do n.º 3 e seguintes do artigo 113.º.

C) O licenciamento de uma operação de loteamento é, como os restantes actos urbanísticos, um acto de carácter real, vinculando as prescrições constantes do respectivo alvará o promotor do mesmo, a Câmara Municipal e os adquirentes dos lotes (cfr. artigo 77.º, n.º 3 do RJUE). Por ter estes importantes efeitos reais é o alvará de loteamento sujeito a registo predial, não sendo legítimo aos adquirentes dos lotes desrespeitar as especificações nele estabelecidas.

D) A Câmara Municipal pode, nos termos do artigo 48.º do RJUE, proceder à alteração da licença de loteamento por sua própria iniciativa, para execução de instrumentos de planeamento territorial. Quanto essa alteração implique a produção de danos aos interessados, haverá lugar a uma indemnização dos mesmos, mas esta ficará a cargo da pessoa colectiva que aprovou o instrumento de planeamento que directa ou indirectamente provocou os mesmos, *in casu,* a Administração do Estado.

Actos normativos:
— RJUE.

NOTAS DO LEITOR:

3.
Obras de Edificação

Caso prático n.º 35: O sabor amargo das regras urbanísticas

A sociedade LIMONADA E CARVÃO, S.A. solicitou à Câmara Municipal Z, a legalização de uma obra realizada antes da entrada em vigor do plano director municipal, obra essa que não foi licenciada, mas, não obstante, se tivesse sido submetida a licenciamento no momento da sua realização, o mesmo seria possível visto o ordenamento vigente nessa data o permitir.

Questão:

Impedindo o actual ordenamento urbanístico vigente (designadamente o Plano Director Municipal) aquela operação urbanística, pretende a interessada saber se poderá invocar a garantia do existente para poder obter hoje o licenciamento/legalização da referida obra.

Solução:

1. O princípio geral de que *os actos administrativos se regem pela lei vigente à data da sua prática* é uma decorrência normal do próprio princípio da legalidade da administração (cfr. artigo 67.º do RJUE);
2. Trata-se da regra *tempus regit actus* e que, a propósito dos planos directores municipais não é mais do que uma decorrência de os planos se apresentarem como regulamentos administrativos, valendo assim, a seu propósito, a regra de que os mesmos apenas produzem, em princípio, efeitos para o futuro, devendo aplicar-se a todas as decisões que a Administração venha a praticar depois da sua entrada em vigor.
3. O artigo 67.º do RJUE *in fine* estabelece, contudo, uma excepção para a referida regra do "*tempus regit actus*": "*...sem prejuízo no artigo 60.º*" que determina, por sua vez, que "*As

edificações construídas ao abrigo do direito anterior e as utilizações respectivas não são afectadas por normas legais e regulamentares supervenientes".

4. Mas para este preceito, cujo fundamento está intimamente ligado ao princípio fundamental da protecção da confiança, o plano urbanístico apenas deve respeitar as edificações existentes à data da sua entrada em vigor, desde que as mesmas tenham sido realizadas legalmente.

5. Ora, na situação vertente, no momento em que o plano entrou em vigor tais edificações existentes eram ilegais, porque realizadas sem licença, não se podendo aqui invocar a *protecção de direitos adquiridos* visto que tais obras, por terem sido realizadas sem o necessário acto de licenciamento, não configurarem situações deste tipo, mas apenas situações existentes de facto.

Actos normativos:
— RJUE.

NOTAS DO LEITOR:

Caso prático n.º 36: O projecto de arquitectura... Riabaixo e Riacima

A RIABAIXO – INICIATIVAS TURÍSTICAS DA RIA DE CIMA , LDª, requereu, em 2001, junto da Câmara Municipal **H**, licença para obras de alteração da Estalagem RIABAIXO, de molde a transformá-la em hotel.

A Câmara Municipal, em 25 de Março de 2002, aprovou o projecto de arquitectura e notificou o requerente para apresentar os projectos de especialidade. Entretanto, em 10 de Abril de 2002 é publicado o Plano Director Municipal daquele Município, tendo o espaço onde se insere a RIABAIXO ficado integrado em *"Espaço Natural"*, onde *"não são permitidas acções que se traduzam em operações de loteamento, obras de urbanização, construção de edifícios..."*, ficando, contudo, excepcionados de tal restrição *"os actuais usos do solo ou actividades que possam ser consideradas preexistências nos termos do artigo 4º"*.

Este considera serem preexistências, para aquele efeito, as actividades que, à data da sua entrada em vigor estejam aprovadas pela entidade competente nos casos em que a lei a tal obriga e desde que as respectivas aprovações não tenham caducado nem sido revogadas.

Questão:

Atendendo a que o projecto de arquitectura foi aprovado antes da entrada em vigor do Plano Director Municipal, será possível que apenas os projectos de especialidade sejam apreciados à luz daquele, tendo-se assim já constituído direitos com base na aprovação do projecto de arquitectura?

Solução:

1. O acto de aprovação do projecto de arquitectura é, na nossa óptica, um verdadeiro acto administrativo, pois configura uma resolução administrativa de contornos definidos na lei, sendo o acto de licenciamento um acto complexo que engloba vários actos autónomos, sendo um deles esta aprovação.
2. Analisando-se o procedimento de licenciamento de obras particulares pode verificar-se que este se divide em duas partes essenciais: a primeira, relativa à *aprovação do projecto de*

arquitectura; a segunda, relativa à junção e apreciação dos projectos de especialidades com vista ao *licenciamento da obra*, parte esta que tem como "pressuposto" necessário a deliberação favorável de aprovação do projecto de arquitectura.

3. A parte inicial do procedimento de licenciamento de obras incide, pois, exclusivamente, sobre o projecto de arquitectura, visando verificar o cumprimento, por parte deste das normas, designadamente de planeamento, que estejam em vigor na zona.

4. Se o projecto de arquitectura não estiver em condições de ser aprovado, designadamente por desconformidade com o instrumento de planeamento em vigor, não haverá lugar a uma decisão autónoma sobre a apreciação do projecto de arquitectura, havendo lugar imediatamente ao indeferimento do pedido de licenciamento.

5. Se, pelo contrário, houver lugar a uma decisão positiva de aprovação do projecto de arquitectura, esta não coincidirá com o licenciamento da obra, apenas determinando que o procedimento tendente a tal licenciamento pode prosseguir com a junção e apreciação dos projectos de especialidade.

6. Existe, pois, nesta segunda situação, duas decisões diferentes: uma relativa ao projecto de arquitectura, outra relativa ao licenciamento da obra, funcionando a primeira como pressuposto necessário da segunda.

7. Dentro desta lógica de funcionamento do procedimento de licenciamento de obras particulares, o acto que aprova o projecto de arquitectura pronuncia-se sobre os aspectos referidos de uma forma definitiva, a ponto de, no prosseguimento do procedimento, tais aspectos não poderem voltar a ser questionados, quando sejam válidos.

8. A aprovação do projecto de arquitectura é, pois, um acto administrativo parcial, na medida em que, através dele, a Administração aprecia uma série de condições exigidas por lei que ficam, assim, definitivamente decididas, tornando-se, por isso, aquele acto, relativamente a estas, *constitutivo de direitos* (pelo menos do direito a que estas questões não voltem a ser postas em causa e discutidas no decurso do procedimento de licenciamento se aquela apreciação for válida) e

sendo, também por isso, *vinculativo* para a câmara municipal na deliberação final.
9. E não é pelo facto de a aprovação do projecto de arquitectura ser incorporada na decisão final de licenciamento, que este acto perde aquela natureza. Tal significa tão só que nesta aprovação final são assumidas (incorporadas) as precedentes aprovações parcelares não sendo consentido à administração municipal proceder livremente, nesse momento, ao reexame das anteriores aprovações.
10. Esta natureza do acto de aprovação do projecto de arquitectura vem confirmada pelo facto de o RJUE admitir expressamente a possibilidade de emissão de uma *licença parcial para a construção da estrutura* imediatamente após a aprovação do projecto de arquitectura, significando esta solução que se admite definir este acto, de uma forma final e definitiva, todas as questões que têm a ver com a *estrutura da obra* (implantação, cércea, área de construção, número de pisos, volumetria, etc.).
11. E, não obstante o sentido tradicional da nossa jurisprudência ser em sentido contrário, a sua orientação tem vindo a mudar de rumo, pelo menos no que se refere aos efeitos indemnizatórios deste acto, como se pode confirmar com a leitura do Acórdão do Supremo Tribunal Administrativo de 16 de Maio de 2001, proferido no âmbito do Processo n.º 46227.
12. Para além do mais, tendo em consideração o princípio do *tempus regit actum* (segundo o qual a validade de um acto administrativo depende das normas legais e regulamentares aplicáveis em vigor à data da sua prática) e a natureza de verdadeiro acto administrativo da aprovação do projecto de arquitectura, terá de entender-se que este será validamente emitido se não contrariar as normas vigentes no *momento em que for praticado* (no caso, as normas em vigor em 25 de Março de 2002), sendo *indiferente qualquer alteração normativa que se venha a verificar posteriormente*, tanto mais que o momento em que se deve verificar a referida conformidade é precisamente o da apreciação do projecto de arquitectura.
13. Isto significa que o Plano Director Municipal entrado em vigor em 10 de Abril de 2002 não pode aplicar-se ao caso

vertente porque o acto que verifica a conformidade do projecto com as normas urbanísticas substantivas aplicáveis já foi definitivamente emitido em 25 de Março.

14. E, como no momento em que foi aprovado o projecto de arquitectura, foram cumpridas todas as normas que a essa data estavam em vigor, aquela aprovação é válida, razão pela qual, tratando-se de um acto constitutivo de direitos, não poderá ser agora posto em causa pelo Plano Director Municipal que entrou em vigor supervenientemente.

15. Sempre se poderia, no entanto, questionar se a entrada em vigor do Plano Director Municipal não terá tido como efeito a revogação ou caducidade do acto de aprovação do projecto de arquitectura, situação que, a ter acontecido, dará necessariamente lugar a uma indemnização por "*expropriação do plano*", prevista expressamente no n.º 2 do artigo 143.º do RJIGT.

16. A resposta a esta questão terá de ser negativa na medida em que, não tendo o plano optado expressamente por essa solução, vale a regra geral, ou seja, a regra de que ele não afecta as situações constituídas antes da sua entrada em vigor, valendo estas apenas para o futuro.

17. No entanto, ainda que se admitisse, como hipótese, que o Plano Director Municipal teria de ser aplicado no momento do licenciamento final, sempre a resposta seria a de que a proibição dele decorrente não teria aplicação ao caso vertente na medida em que o mesmo vem excepcionar de tal proibição "*os actuais usos do solo ou actividades que possam ser consideradas preexistências nos termos do artigo 4º* "..

18. Este dispositivo tem plena aplicação no caso vertente: estamos, com efeito, perante uma actividade que, nos termos da lei, estava sujeita a aprovação (aprovação do projecto de arquitectura respectivo), aprovação essa que, no momento da entrada em vigor do plano, já havia sido emitida não tendo caducado (os projectos de especialidades foram apresentados dentro do prazo) nem sido revogada.

19. A situação vertente preenche, pois, os pressupostos necessários para ser considerada preexistência, motivo pelo qual nunca se lhe aplicaria o disposto no regulamento do Plano Director Municipal.

Doutrina:

— Fernanda Paula OLIVEIRA, "Duas Questões no Direito do Urbanismo: Aprovação de Projecto de Arquitectura (Acto administrativo ou Acto Preparatório), e Eficácia de Alvará de Loteamento (Desuso?), Anotação ao Acórdão do STA de 5.5.1998", *in Cadernos de Justiça Administrativa*, N.º 13, 1999, p. 42 e ss.

— Fernanda Paula OLIVEIRA, "Anotação ao Acórdão do STA de 20.06.2002, Proc. 142/02, 1ª Secção CA", *in Revista do CEDOUA*, n.º V, 2002, p. 97 e ss.

— João Gomes ALVES, "Natureza Jurídica do acto de aprovação municipal do projecto de arquitectura, Anotação ao Acórdão do STA de 5.5.1998", *in Cadernos de Justiça Administrativa*, N.º 17, 1999, p. 14 e ss.

— Mário Araújo TORRES, "Ainda a (in)impugnabilidade da aprovação do projecto de arquitectura; Anotação ao Acórdão do Tribunal Constitucional n.º 40/2001, P. 405/99, de 31/01/2001", *in Cadernos de Justiça Administrativa*, N.º 27, 2001, p. 34 e ss.

Actos normativos:

— RJUE.
— RJIGT.

Jurisprudência:

— Acórdão do Supremo Tribunal Administrativo de 16 de Maio de 2001, Processo n.º 46227.

NOTAS DO LEITOR:

CASO PRÁTICO N.º 37: E CHOVE NO MOLHADO!

Contactado para, nos termos do disposto no artigo 11.º do Código das Expropriações, vender uma sua propriedade para a construção de uma piscina municipal, o Senhor Narciso Molhado acordou com o Município X que a contrapartida pela transferência do mesmo seria o aumento, até ao máximo admitido pelo Plano Director Municipal, do índice de ocupação de uma sua outra propriedade. No momento do procedimento de licenciamento das obras de construção, a Câmara Municipal indeferiu o requerido, fundando-se no disposto no artigo 24.º, n.º 3, do Regime Jurídico da Urbanização e Edificação.

Questão:

Pronuncie-se sobre a admissibilidade e a caracterização jurídica deste contrato, bem como sobre as consequências decorrentes do seu incumprimento por parte da Administração.

Solução:

1. Este contrato não pode ser, como pareceria resultar do disposto no artigo 11.º do CE, considerado um mero contrato de direito privado, na medida em que ele se revela substitutivo da prática de um acto administrativo — o acto de declaração de utilidade pública.
2. Assim, propendemos para a sua qualificação como verdadeiro contrato administrativo, em face do seu enquadramento procedimental e efeitos jurídicos.
3. Mais ainda, este é um contrato que faz a ligação entre dois procedimentos — o de expropriação e o de gestão urbanística —, na medida em que o particular, em vez de ser pago em dinheiro pela cedência do seu bem para uma específica finalidade de interesse público, preferiu converter este valor num suplemento de capacidade edificativa num outro terreno de que dispunha.
4. Este contrato, porém, não foi configurado como substituindo o acto de gestão urbanística de licenciamento de obras de construção pelo que, desencadeado este procedimento, se coloca a questão do valor e vinculação introduzidos pelo contrato celebrado.

5. Consideramos que, incidindo este contrato sobre o exercício de um poder público que envolve uma actividade discricionária da Administração — ainda para mais no âmbito de procedimentos de licenciamento, em que os referentes jurídicos mobilizáveis são mais fluidos — o mesmo tem sua eficácia sujeita a uma condição suspensiva: a de que o acto de licenciamento determine o esgotamento do índice previsto no Plano Director Municipal.
6. Solução similar mereceria a hipótese de o contrato prever a concretização de um índice superior ao previsto no Plano Director Municipal, embora neste caso fosse necessário suplementarmente a alteração do Plano e a sua entrada em vigor para que os efeitos do contrato se pudessem produzir legitimamente.
7. No caso, porém, o acto de licenciamento não se veio a verificar já que a Câmara municipal entendeu que o esgotamento do índice, nos termos do artigo 24.º, n.º 3 do RJUE, prejudicaria a inserção adequada da edificação pretendida na envolvente, designadamente por ser desconforme com as cérceas dominantes naquela zona.
8. Ora, sendo este um dos motivos de indeferimento das pretensões urbanísticas deduzidas ao abrigo do RJUE, nada há a apontar quanto à validade deste acto, mas esta asserção determina que se volte a recolocar a questão da salvaguarda da posição jurídica do particular.
9. Poder-se-ia afirmar que, tratando-se de um contrato sujeito a uma condição suspensiva, o particular não teria direito a qualquer compensação, já que a eficácia do mesmo nunca chegou a ser desencadeada, mas vários argumentos de peso apontam em sentido inverso.
10. Por um lado, a celebração do contrato constituiu uma autovinculação da Administração municipal no que se refere à sua posterior condução procedimental, pelo que esta teria de ponderar de forma particular a expectativa legítima do particular e fundamentar de maneira mais precisa a sua não concretização, para não lhe ser imputada a indemnização referida ao "dano da confiança" do mesmo.

11. Por outro lado porque, tendo já havido a transferência do bem imóvel para a esfera jurídica da Administração, não tendo esta concretizado a prestação correspectiva, e sobretudo se analisado este contrato administrativo do ponto de vista do seu equilíbrio prestacional, já se poderia retirar a conclusão do incumprimento contratual e da necessidade de repetição do prestado ou de uma eventual indemnização do particular.
12. Por fim, estando em causa um "ambiente expropriativo", o pagamento de uma justa indemnização constitui uma garantia impostergável dos particulares e, logo, a não sustentação deste contrato permite concluir pela necessidade de desencadear este procedimento e de deferir, nos moldes nele previstos, uma indemnização ao particular lesado.

Doutrina:

— Fernanda Paula OLIVEIRA/ Dulce LOPES, "*O Papel dos Privados no Planeamento: Que formas de Intervenção?*", in *Revista Jurídica do Urbanismo e do Ambiente*, n.º 20, 2003, p. 43 a 80.

Actos normativos:

— CE.
— RJUE.

NOTAS DO LEITOR:

Caso prático N.º 38: A Vizinhança Janota do Janita

O Senhor Janita Fulgêncio viu uma faixa do seu terreno ser expropriada para efeitos de abertura de um arruamento municipal. Uma vez construído este, pretende edificar uma habitação em uma das parcelas resultantes da abertura daquele.

Questões:

A) Tendo requerido o licenciamento da respectiva obra, foi surpreendido com o seu indeferimento com o fundamento que, como se tratava de um fraccionamento da propriedade, deveria iniciar previamente uma operação de loteamento. Concorda com esta exigência municipal?

B) Independentemente da resposta dada à alínea anterior, suponha que o vizinho do Senhor Janita Fulgêncio vem alegar que o projecto apresentado pelo mesmo não respeita o distanciamento de metro e meio que deve existir entre janelas ou portas que deitem directamente sobre prédio vizinho, previsto no artigo 1360.º do Código Civil. Terá a pretensão do vizinho êxito?

Solução:

A)

1. No que concerne aos loteamentos em sentido estrito, aqueles que se encontram aqui em causa, vários são os seus elementos constitutivos. Desde logo, trata-se de uma *conduta voluntária* que implica uma *divisão predial*, material ou meramente jurídica (isto é, resultante de venda, locação, doação, partilha de herança, etc).

2. Por o loteamento ter de resultar de uma conduta voluntária, entende-se não deverem ser consideradas operações de loteamento sujeitas a controlo municipal, as divisões de prédios que resultam de *factos naturais* (*v.g.* desvio natural de um curso de água que divide materialmente um prédio em dois) ou que resultam de *acções imputáveis à Administração* (*v.g.* a expropriação de uma faixa de terreno para efeitos de construção de uma estrada).

3. Deste modo, não é legítimo o indeferimento da Administração municipal, na medida em que esta divisão fundiária já se operou dispensando qualquer operação de loteamento (ou simplesmente de destaque), pelo que não haverá qualquer nulidade no desencadeamento do procedimento de licenciamento de obras de edificação não precedido de um licenciamento ou autorização prévios de um loteamento para a zona.
4. Parece-nos, igualmente, que deve ser excluída da noção de loteamento a constituição de lotes que decorrem de uma cessão amigável de um terreno, no âmbito de um procedimento expropriativo, cessão essa verificada antes ou depois da declaração de utilidade pública (*v.g.* uma cedência efectuada nos termos do artigo 11.º do Código das Expropriações), na medida em que, embora estejamos perante um acto voluntário do particular e não propriamente uma acção imputada à Administração, trata-se de uma cessão substitutiva da expropriação e umbilicalmente ligada a ela, pelo que se justifica um regime idêntico ao que decorreria da expropriação.

B)

1. A pretensão do vizinho do Senhor Janita Fulgêncio não pode ser atendida, enquanto tal, pelo município como factor de indeferimento do licenciamento requerido, na medida em que os actos administrativos autorizatórios não podem definir a regulamentação de situações jurídico-privadas.
2. Se o fizessem, as entidades competentes excederiam o seu domínio de atribuições (praticando um acto viciado por usurpação de poderes), podendo mesmo faltar um elemento essencial da noção de acto administrativo que é a regulamentação de uma situação jurídico-administrativa.
3. No domínio urbanístico, esta asserção é tanto mais importante quando a actividade de construção envolve tanto uma dimensão publicista — a do respeito das condicionantes de planeamento e das regras de direito administrativo da construção, que visam assegurar condições mínimas de habitabilidade dos imóveis — como numa dimensão privada — de gestão das

relações entre os privados envolvidos na actividade de construção e na regulação das tradicionais relações de vizinhança, como tal definidas no Código Civil.
4. De facto, muito antes de o direito urbanístico se ter debruçado sistematicamente sobre esta temática, já a tentativa de resolução dos conflitos motivados por relações de vizinhança era uma realidade em termos civilísticos.
5. Nestes termos, a emissão de uma licença urbanística sê-lo-á sempre sob *reserva de direitos de terceiros,* isto é, não se comprometendo sobre a eventual violação das regras plasmadas no nosso Código Civil. Vale, neste âmbito o princípio da independência das legislações consagrado no artigo 4.º do Regime Geral das Edificações Urbanas (RGEU), segundo o qual a emanação de uma licença não desobriga o seu titular de cumprir rodos os outros preceitos gerais e especiais (designadamente de cariz não urbanístico) a que a edificação haja de subordinar-se.
6. Contudo, não se pode, por uma questão de unidade do sistema jurídico e de respeito pelas expectativas legítimas dos particulares, manter uma posição de princípio rígida, pois deve haver formas de articulação lógica destas duas ordens de questões que mutuamente se prejudicam.
7. Assim, consideramos que é dever do município alertar para a situação de violação das regras jurídico-urbanísticas e, mesmo, detectando de forma patente essa violação no projecto apresentado, considerar que o particular não tem, à luz do ordenamento jurídico que o define — o civil — legitimidade para iniciar o respectivo procedimento (isto nos termos do artigo 9.º do RJUE, no qual se exige uma demonstração e um controlo perfunctório deste pressuposto procedimental subjectivo, sem o qual não se gera um dever legal de decisão). Precisamente, tem sido globalmente neste sentido que se tem vindo a pronunciar mais recentemente a nossa jurisprudência administrativa, designadamente no Acórdão do Supremo Tribunal Administrativo de 23 de Junho de 1999, proferido no âmbito do processo n.º 44721.
8. Complementarmente, as próprias regras de direito de construção inscritas, pelo menos no seu núcleo menos mutável, no

RGEU e as do Código Civil têm procurado uma certa harmonização nos seus pressupostos de aplicação, no sentido de evitar contradições em concreto na sua aplicação.

9. Contudo, essas normas continuam a ter natureza e teleologia distintas, o que determina que os seus campos de aplicação também difiram. Assim, o artigo 1360.º do Código Civil e o artigo 73.º do RGEU, porque lhes subjazem intenções diversas — no primeiro caso, o interesse de defesa dos interesses privados dos proprietários, impedindo a devassa dos prédios vizinhos e no segundo a salvaguarda do interese público da salubridade e estética, de modo a assegurar um "ambiente urbano minimamente sadio e esteticamente equilibrado" — têm também pressupostos de aplicação diferenciados, já que o segundo se aplica quer às construções novas entre si, quer às já existentes, sendo designadamente irrelevante que a edificação a construir seja uma empena cega (Acórdão do Supremo Tribunal Administrativo, de 17 de Junho de 2003, proferido no âmbito do processo n.º 01854/02).

Doutrina:

— António Pereira da Costa, "Os direitos de terceiros nos licenciamentos de operações urbanísticas", in *Revista do CEDOUA*, n.º 7, 1-2001, p. 103 e ss.

— António Pereira da Costa, Direito dos Solos e da Construção, Braga, Livraria Minho, Braga, 2000, p. 121 e ss.

— Fernanda Paula Oliveira, "As licenças de construção e os direitos de natureza privada de terceiros", Boletim da Faculdade de Direito da Universidade de Coimbra, Colecção *Studia Iuridica, Ad Honorem,* Separata dos Estudos em Homenagem ao Professor Doutor Rogério Soares, Coimbra, Coimbra Editora, 2001.

Actos normativos:

— RJUE
— Regime Geral das Edificações Urbanas (RGEU).

Jurisprudência:

— Acórdão do Supremo Tribunal Administrativo de 17 de Junho de 2003, Processo n.º 01854/02.

— Acórdão do Supremo Tribunal Administrativo de 23 de Junho de 1999, Processo n.º 44721.

NOTAS DO LEITOR:

Caso Prático n.º 39: Os Azares do Fortunato

O Presidente da Câmara Municipal **X**, perante a circunstância de o senhor Fortunato Azarado se encontrar a edificar um imóvel que pretende destinar à sua habitação, sem que para tal se tenha munido da respectiva licença de construção camarária, determinou o embargo da mesma, tendo fixado, para o efeito, o prazo de dezoito meses.

Note-se, contudo, que, embora sem licença de construção, o Plano Director Municipal destina aquela área a edificação para fins habitacionais.

Passado o prazo estipulado na ordem de embargo sem que qualquer providência tivesse sido adoptada, designadamente por parte do Senhor Fortunado Azarado, pretende este reiniciar a obra embargada invocando para o efeito o disposto no n.º 1 do artigo 104.º do RJUE, que determina a caducidade da ordem de embargo decorrido o prazo que tiver sido fixado para o efeito.

Questão:

Concorda com a argumentação adoptada pelo Senhor Fortunado Azarado?

Solução:

1. O embargo, tal como a demolição, a reposição do terreno na situação anterior e a cessação de utilização são medidas de tutela de legalidade: a sua finalidade não é a de sancionar o comportamento, designadamente de privados, que tenham violado as normas urbanísticas em vigor (para este efeito existem outras vias, designadamente o desencadeamento dos respectivos procedimentos de contra-ordenação), mas a de restituir a situação de facto à legalidade.
2. De todas, o embargo é aquela que aparece como medida meramente *cautelar* e, por isso, *provisória*, já que não visa fornecer a solução definitiva para a situação de irregularidade detectada, mas apenas paralisar uma operação urbanística que esteja em curso (o embargo consiste, precisamente, numa

ordem de paralisação de trabalhos, motivo pelo qual não pode ser aplicada a obras que já se encontram concluídas, embora ilegalmente) de forma a evitar o agravamento da irregularidade ou a tornar a sua reposição na legalidade mais difícil ou gravosa.
3. O RJUE veio acentuar este carácter cautelar e provisório do embargo ao afirmar que ao mesmo se deve suceder-se uma decisão definitiva sobre a situação de irregularidade.
4. A fixação de um prazo, que terá sempre de ser adequado à concreta situação que lhe está subjacente, é de seis meses, prorrogável uma única vez por igual período, no caso de ausência de fixação expressa de um prazo diferente que pode ser superior ou inferior ao prazo supletivo legalmente definido (cfr. artigo 104.º do RJUE).
5. Ora, para responder ao caso em apreço deve ter-se em consideração que:
   a. embora feita sem licença, a operação em causa é licenciável à luz dos normativos em vigor, designadamente do Plano Director Municipal;
   b. a infracção em causa — construção sem licença —, é imputável ao particular;
   c. a regularização da situação pressupõe o início de um procedimento — de legalização — que é de iniciativa privada e não pública.
6. Partindo dos pressupostos apontados deve acentuar-se que não é pelo facto de ter decorrido o prazo de dezoito meses com a consequente caducidade do embargo que a obra feita sem licença passa a ser regular: não tendo o interessado promovido a sua regularização (só a ele competia fazê-lo, não podendo a Administração substituí-lo para este efeito), terá a Administração de adoptar a única alternativa possível no caso — a ordem de demolição.
7. E não se diga, pretendendo refutar a asserção exposta que, sendo a demolição, de todas as medidas de tutela de legalidade, aquela que é mais gravosa para os particulares, estando sujeita ao cumprimento do princípio da proporcionalidade, não pode ser ordenada por a obra ser passível de ser legalizada.

8. É que, o que determina o n.º 2 do artigo 106.º não é que a demolição não pode ser ordenada se a obra for susceptível de ser licenciada, o que poderia pressupor um juízo abstracto dessa susceptibilidade — e que correspondia à versão inicial do RJUE, entretanto deliberadamente alterada —, mas que a demolição *pode ser evitada* se a obra for susceptível de ser licenciada.
9. Assim, e tendo em conta o pressuposto legal, embora *in casu* a obra fosse susceptível de legalização em face das normas em vigor, porque o interessado nada fez nesse sentido, logo, não evitou a demolição, deve esta ser ordenada.
10. Deste modo, no caso em apreço, findo o prazo pelo qual o embargo foi ordenado, o Senhor Fortunato Azarado não pode reiniciar a obra, devendo, pelo contrário, ser desencadeado o procedimento tendente à respectiva demolição.

Actos normativos:

— RJUE.

NOTAS DO LEITOR:

4.
Taxas

Caso prático n.º 40: As despesas do lar

A Lar e Casa Feliz, S.A, solicitou à Câmara Municipal **X** licença para a construção de um edifício destinado a um espaço comercial com diferentes áreas funcionais. O edifício em causa tem a área bruta de 8.000,00 m^2, embora a área comercial propriamente dita seja apenas de 4.000 m^2, distribuída por área de vendas e área de comércios na galeria, armazém, zona de preparação de alimentos e escritórios.

O empreendimento em causa foi classificado de interesse concelhio devido aos postos de trabalho que vai criar para a região, bem como pelo facto de a entidade promotora ser uma empresa que terá a sua sede no Concelho representando, em termos económicos, uma força viva para a região.

Tendo em consideração que a área em causa não possuía qualquer infra-estrutura básica, nomeadamente esgotos, água, electricidade, telefones, gás, etc., as mesmas foram realizadas pela requerente, que assumiu os respectivos custos, orçados em aproximadamente 400.000,00 €. Acresce ainda ter a entidade promotora projectado a execução de uma rotunda de acordo com todos os regulamentos em vigor, incluindo todas as infra-estruturas de colectores de água, saneamento, electricidade, etc., orçadas estas obras no valor de 200.000,00 €.

Após a aprovação do projecto e efectuado o cálculo das taxas de acordo com o Regulamento e Tabela de Taxas e Licenças Municipais, verificou-se que o valor a pagar é de 500.000,00 €, o que ultrapassou largamente o esperado pela entidade interessada.

Questão:

O que lhe oferece dizer sobre o montante da taxa no processo de licenciamento aqui em referência e sobre a possibilidade de uma leitura dos normativos em vigor nesta matéria no sentido da *diminuição* do montante da mesma, tendo em consideração os encargos já assumidos pela empresa no âmbito da operação em causa?

Solução:

1. Quer na doutrina, quer na jurisprudência, existe uma grande unanimidade em torno dos elementos essenciais das taxas. Assim, aceita-se em geral que estas se traduzem numa prestação pecuniária, de carácter não sancionatório, unilateralmente definidas pelo titular do poder tributário, que são devidas pela utilização individualizada ou por um serviço público prestado no âmbito de uma actividade pública, ou pelo uso de bens públicos ou, finalmente, pela remoção de um obstáculo jurídico à utilização de um serviço ou bens públicos.
2. Não estando as taxas sujeitas aos mesmos princípios e garantias a que os impostos sempre estiveram, a sua principal garantia encontra-se, no essencial, nas suas particulares características: o seu carácter pecuniário, autoritário e bilateral ou sinalagmático, não obstante, quanto a esta última, não se exigir uma estrita equivalência económica entre a taxa e a contra-prestação pública — embora deva existir sempre um mínimo de proporção entre elas.
3. As taxas que se encontram directamente relacionadas com o fenómeno urbanístico são as que correspondem aos actos de controlo das actividades dos particulares (designadamente as taxas pela emissão da licença, de execução de obras particulares e de ocupação da via pública) e as taxas pela realização, manutenção e reforço das infra-estruturas urbanísticas.
4. Estas últimas visam cobrir o custo das denominadas infra-estruturas gerais cuja necessidade é consequência do acréscimo de utilização decorrente da nova ocupação do solo determinada pela operação urbanística licenciada, tendo como sujeitos passivos os *agentes produtores de lotes* e os *agentes que promovem a construção*.
5. Tendo em consideração o essencial da taxa — a sua *sinalagmaticidade* ou *bilateralidade* —, resulta clara, no caso em

apreço, a falta de uma *contrapartida real* e *específica* em favor da promotora que possa justificar a cobrança da taxa de urbanização.

6. É que quem realizou todas as infra-estruturas públicas necessárias a viabilizar a operação urbanística em causa foi a LAR E CASA FELIZ, S.A., pelo que cobrar, neste caso, a referida taxa teria como consequência uma dupla tributação do mesmo facto.

7. Tal situação seria claramente ilegal na medida em que faltando a *contrapartida pública*, o pagamento daquela quantia traduzir-se-ia numa verdadeira *contribuição unilateral*, com a natureza de imposto e, nesta medida, fora do alcance competencial do município.

8. Para além disso, haveria, neste caso, um verdadeiro *enriquecimento sem causa* por parte do município, que passaria a receber no seu domínio infra-estruturas no valor aproximado de 600.000,00 € e ainda o montante da taxa relativa aquelas no valor de 500.000,00 €.

9. No caso vertente, de forma a evitar as consequências referidas — dupla tributação e enriquecimento sem causa — terá de se aplicar, por analogia, o disposto no n.º 3 do artigo 25.º do RJUE, que determina a *redução proporcional* das taxas pela realização de infra-estruturas urbanísticas quando o promotor assuma os trabalhos necessários ou os encargos inerentes à execução ou de funcionamento das infra-estruturas, redução que pode ir até ao valor *zero* se aquele assumir os respectivos encargos na totalidade.

10. Mesmo que se admitisse haver enquadramento jurídico para a exigência do pagamento da referida taxa — por a mesma, não se referindo à criação ou reforço de infra-estruturas, dizer respeito à respectiva manutenção —, ainda assim aquela cobrança teria de ser considerada ilegal por haver uma manifesta *desproporcionalidade* entre a taxa exigida e a contraprestação pública que lhe corresponde.

11. Também aqui se teria de considerar o quantitativo a cobrar, na parte excedente, um imposto, fora, portanto, do âmbito de atribuições do município.

Doutrina:

— Fernanda Paula OLIVEIRA/ Jorge CARVALHO, *Perequação, Taxas e Cedências: A Administração Urbanística em Portugal*, Coimbra, Almedina, 2003.

— José Casalta NABAIS, "Fiscalidade do urbanismo", *in O Sistema Financeiro e Fiscal do Urbanismo: Actas do 1.º Colóquio Internacional*, CEDOUA/FDUC/ /APDU, Coimbra, Almedina, 2002, p. 39 e ss.

Actos normativos:

— RJUE.

NOTAS DO LEITOR:

Caso prático n.º 41: Tempus Fugit...

Num determinado município, em face da entrada em vigor do *Regulamento Municipal de Taxas, Licenças e Autorizações Urbanísticas*, colocou-se a questão de saber — perante o normativo daquele que determinava que os seus dispositivos são aplicáveis "*...aos procedimentos e actos processuais iniciados após aquela data*"— se o mesmo se aplica a procedimentos relativos ao licenciamento de obras particulares cuja deliberação de licenciamento tenha sido proferida antes da mencionada entrada em vigor, mas cujo respectivo alvará será emitido pela Câmara Municipal já após a vigência do regulamento municipal em causa.

Questão:

Qual a sua opinião sobre os termos da aplicação no tempo deste Regulamento?

Solução:

1. Nos termos da Lei das Finanças Locais, existem duas taxas que se encontram directamente relacionadas com o fenómeno urbanístico: a taxa correspondente aos actos de controlo das actividades dos particulares — a taxa pela emissão da licença —, e a taxa pela realização, manutenção e reforço das infra-estruturas urbanísticas.
2. A primeira, que é aquela que interessa para o caso vertente, é exigida aos particulares como a contraprestação da actividade administrativa de controlo de actividades urbanísticas e distingue-se claramente da taxa pela realização de infra-estruturas urbanísticas: enquanto esta é uma taxa devida por uma actividade urbanística da Administração pública (é o "preço" a pagar por serviços prestados pela Administração pública activa), aquela é a contrapartida de actividades de controlo e de polícia da actividade urbanística dos particulares (é o "preço" a pagar por serviços prestados pela Administração pública de controlo).

3. Isto significa que à questão de saber qual é o fundamento jurídico justificativo da possibilidade de cobrança da taxa referida em último lugar, deve responder-se que ela tem como contrapartida a *remoção de um limite legal ao exercício de um "direito"* (o limite imposto por lei à liberdade de edificação — abrangendo também a liberdade de urbanização e de divisão fundiária do solo) e a *prestação de um serviço* por parte da Administração local, serviço esse que corresponde à apreciação dos projectos e à emissão das respectivas licenças. A taxa é, pois, nesta última vertente, a contrapartida do serviço burocrático prestado aos particulares pelos órgãos municipais.

4. No que diz respeito à actividade urbanística de construção, o respectivo promotor tem, desde logo, de pagar a taxa relativa à emissão da licença, taxa essa que é condição para que se possa proceder ao levantamento do respectivo alvará.

5. No que concerne à tramitação relativa ao licenciamento de uma obra de construção, estamos perante um procedimento que atravessa várias fases mas que termina com o acto final: o acto administrativo definidor da situação jurídica (com efeitos externos) do respectivo requerente, que é a deliberação da câmara municipal que defere o pedido de licenciamento.

6. Este é o verdadeiro acto administrativo, o acto que *"remove o limite legal ao exercício do "direito" de construção"*, o acto que define as condições de exercício do direito à construção ou, se preferirmos, o acto que confere ao promotor o direito a realizar a operação urbanística pretendida.

7. O *momento constitutivo do procedimento* administrativo de controlo prévio à possibilidade de realização da operação urbanística pretendida (isto é, do procedimento de licenciamento) é, deste modo, a deliberação da Câmara Municipal que consubstancia o deferimento do pedido de licenciamento e que integra os demais actos, ainda que parciais, emanados no decurso do mesmo.

8. Não obstante isto, a lei entende que este acto só poderá produzir os respectivos efeitos jurídicos após a emissão de um documento que servirá de título à licença: o alvará. Este assume, assim, a natureza jurídica de *acto integrativo da eficácia* do acto de licenciamento: trata-se de um acto que nada acrescenta à definição da situação jurídica do particular perante a possibilidade de realizar a operação urbanística.
9. O alvará traduz-se, assim, apenas num documento que serve de título ao (verdadeiro) acto administrativo que é o licenciamento. Esta natureza meramente integrativa do alvará encontra-se expressa no artigo 74.º do RJUE que afirma, para além do mais, expressamente, que este é apenas um título do acto de licenciamento ou de autorização.
10. E, não obstante a taxa ser paga após a deliberação da licença e antes da emissão do alvará, funcionando como condição para a emissão deste, não se trata de uma taxa devida pela emissão do referido título mas, como se afirmou, uma taxa que é uma contraprestação pela remoção de um limite legal à possibilidade de construção, remoção essa que é determinada, como não podia deixar de ser, pela licença de construção.
11. O *alvará* da licença de construção e o *procedimento respectivo* tendente à sua emissão não são pois autónomos para efeitos de pagamento da taxa. Esta é devida pelo licenciamento da obra e não pela emissão do alvará, que apenas é um acto integrativo da eficácia daquele.
12. Significa isto que o *Regulamento Municipal de Taxas, Licenças e Autorizações Urbanísticas* em causa no que concerne à taxa pela emissão da licença, se aplica apenas aos procedimentos (de licenciamento) ainda não decididos, não se aplicando àqueles já decididos (licenciados) embora se trate de licenciamentos relativamente aos quais não foi ainda emitido o respectivo alvará.

Doutrina:

— Fernanda Paula OLIVEIRA/ Jorge CARVALHO, *Perequação, Taxas e Cedências: A Administração Urbanística em Portugal*, Coimbra, Almedina, 2003.
— José Casalta NABAIS, "Fiscalidade do urbanismo", *in O Sistema Financeiro e Fiscal do Urbanismo: Actas do 1.º Colóquio Internacional*, CEDOUA/FDUC//APDU, Coimbra, Almedina, 2002, p. 39 e ss.

Actos normativos:

— RJUE.
— Lei das Finanças Locais, aprovada pela Lei n.º 42/98, de 6 de Agosto, com sucessivas alterações.

NOTAS DO LEITOR:

CASO PRÁTICO N.º 42: E QUEM PAGA É O MEXILHÃO!

O Senhor Ronaldo Mexilhão iniciou a construção, sem ter requerido a emissão prévia de licença, de um celeiro em um dos seus terrenos. Tendo sido tal construção embargada e iniciado um processo de legalização da mesma, o município foi deparado com uma panóplia de questões.

Questões:

A) Caso a Câmara Municipal entenda que aquela área não se encontra suficientemente servida por infra-estruturas que suportem tal utilização, ser-lhe-á legítimo indeferir o pedido de legalização apresentado?

B) Suponha que, no momento da liquidação da taxa, é imposto ao particular o pagamento de um montante substancialmente mais elevado do que o liquidado nas normais hipóteses de licenciamento, pois, no Regulamento de Taxas, estabelece-se um agravamento da mesma nos casos de legalização. Poderá o Senhor Ronaldo Mexilhão eximir-se ao pagamento de tal montante agravado?

C) Suponha ainda que, de acordo com tal Regulamento, a taxa base seria calculada "em função da área bruta de construção que o promotor for autorizado a edificar diminuída da que, legalmente constituída, exista já no local", fazendo-a igualmente variar em função do tipo de utilização pretendida. Considera admissível este critério de definição das aludidas taxas?

D) A resposta dada às questões precedentes seria idêntica caso, no âmbito de Regulamento Municipal, se tivesse considerado que a construção de celeiros era uma operação de escassa relevância urbanística?

Soluções:

A)

1. Adoptando a formulação do artigo 102.º do RJUE, coloca-se a questão da legalização quando estejamos perante obras de urbanização, edificação, demolição, ou quaisquer trabalhos de

remodelação de terrenos, executados ou em execução, que se encontrem numa das seguintes situações: desprovidos da necessária licença ou autorização; em desconformidade com o respectivo projecto ou com as condições de licenciamento ou autorização *i.e.* em execução ou concluídas contra o acto autorizatório; ou em violação das normas legais e regulamentares aplicáveis.

2. A evolução, legal e jurisprudencial do instituto da legalização não foi sendo feita de uma forma linear e levanta, ainda, algumas dificuldades de caracterização pois de uma concepção, suportada no então artigo 167.º do Regulamento Geral das Edificações Urbanas — que estabelecia que *"a demolição de obras referidas no artigo 165.º só poderá ser evitada desde que a câmara municipal ou o seu presidente, conforme os casos, reconheça que são susceptíveis de vir a satisfazer os requisitos legais e regulamentares de urbanização, de estética, de segurança e de salubridade"* — que entendia a legalização de obras como uma faculdade discricionária da Administração, passou-se para uma outra em que os termos dessa legalização se encontram melhor definidos (isto é, trata-se de um acto essencialmente vinculado).

3. Actualmente, então, o artigo 106.º, n.º 2, do RJUE impõe à Administração o dever de legalização de todas as obras conformes ou susceptíveis de se virem a conformar com as normas legais e regulamentares, não podendo ordenar a demolição se a legalização for possível, desde que os interessados cumpram o ónus que sobre eles impende de actualizar as pretensões de legalização no prazo razoável que, para tal, lhes seja dado pela Administração.

4. Configurado assim o instituto da legalização, resta saber quais os motivos de indeferimento de um pedido com este teor. Ora, nada sendo referido a este propósito no artigo 106.º, a conclusão não pode ser senão, na falta de regimes jurídicos particulares, com o das Áreas Urbanas de Génese Ilegal, o da igual exigência relativamente aos pedidos de licenciamento (formulados *a priori*).

5. Assim, para indeferir o pedido de legalização de uma qualquer obra que estaria sujeita a um procedimento de licenciamento, a Administração deve munir-se dos motivos previstos taxativamente (mas, ainda assim, conferindo alguma margem de discricionariedade à Administração) no artigo 24.º do RJUE.

6. Precisamente, um desses motivos — o previsto na alínea b) do n.º 2 — é o de a operação urbanística pretendida constituir comprovadamente uma sobrecarga incomportável para as infra-estruturas e serviços gerais existentes, o que legitima a Administração a indeferir este procedimento de legalização.

7. Note-se, porém, que a prática tem sido a de a Administração municipal ser mais benevolente com as legalizações em termos de apreciação do que com os licenciamentos, o que nos parece constituir quase um duplo benefício do infractor (isto ainda que, no caso, tratando-se apenas um celeiro agrícola se pudesse legitimamente questionar quais as infra-estruturas relevantes em falta na zona).

B)

1. Esta norma do Regulamento Municipal não pode legitimamente fundar o acto de liquidação de taxas, na medida em que se apresenta como uma norma ilegal e inconstitucional, por não responder ao conceito das mesmas.

2. De facto, os montantes das taxas devem ser referidos, em termos de respeito pelo princípio da proporcionalidade, aos factos que motivaram o seu pagamento: a remoção de um obstáculo à actividade de construção, visível pelas condições e o tipo de construção permitida, de tal modo que, mantendo-se estas inalteradas, o montante das taxas também não deverá variar sobremaneira.

3. Ora, mesmo admitindo que este possa não ser um juízo de estrita equivalência económica, o montante das taxas não pode variar tendo por objectivo a consecução de outras finalidades não financeiras, mas iminentemente sancionatórias, como resultaria no caso.

4. De facto, o sancionamento de factos ilícitos por via administrativa faz-se por intermédio da instauração de um procedimento contra-ordenacional (e da sua efectiva conclusão), que culminará com a aplicação de coimas e eventualmente, de sanções acessórias.

5. Deste modo, o uso de taxas urbanísticas para conseguir este escopo não pode senão ser considerado ilegítimo e, porventura, pernicioso, podendo gerar por parte do município uma excessiva complacência relativamente à legalização de obras, na medida em que elas constituiriam uma fonte de recursos considerável, como resulta da Recomendação do Provedor de Justiça n.º 12/A/03.

C)

1. ALVES CORREIA defendeu há já alguns anos a possibilidade de utilização da taxa pela realização de infra-estruturas urbanísticas como mecanismo de perequação. Com efeito, segundo este autor, sendo o critério para a fixação da referida taxa o da recuperação do custo das infra-estruturas (funcionando, pois, primordialmente como mecanismo de financiamento para o município), já o critério para a repartição desse custo pode ser determinado de acordo com a *vantagem ou benefício que os proprietários dos terrenos tenham obtido com a realização das infra-estruturas urbanísticas*.

2. Esta possibilidade está actualmente prevista, quer no RJIGT, quer no RJUE.

3. O primeiro daqueles diplomas fornece-nos algumas pistas neste sentido. Assim, o artigo 118.º, relativo à execução dos planos municipais, determina a necessidade de coordenar a actuação do município (como entidade responsável em primeira linha, por aquela execução) com a actuação dos particulares (n.º 1), consagrando expressamente o *dever de participação (comparticipação) dos particulares*, quer no que concerne à *execução propriamente dita* (no sentido de cumprirem o que se encontra estipulado nos planos), quer no que diz respeito ao *financiamento da execução* (devendo os mesmos comparticipar

designadamente no financiamento da execução dos sistemas gerais das infra-estruturas e equipamentos públicos municipais e intermunicipais).
4. Concretizando este dever de comparticipação no financiamento da urbanização, o artigo 142.º do RJIGT determina que os critérios a ter em conta na *repartição dos seus custos* serão, isolada ou conjuntamente, o tipo ou intensidade de aproveitamento urbanístico determinado pelas disposições do plano e a superfície do lote ou parcela. O pagamento destes custos não tem necessariamente de ser feito em dinheiro, podendo, mediante acordo com os proprietários interessados, ser concretizado através da cedência ao município, livre de ónus ou encargos, dos lotes ou parcelas com capacidade *aedificandi* de valor equivalente.
5. A própria perequação de benefícios e encargos decorrentes dos planos tem também como objectivo permitir o financiamento da urbanização e execução dos planos municipais, podendo, pois, surgir como um instrumento importante para esse efeito. É o que resulta da alínea b) do artigo 137.º do RJIGT, nos termos da qual um dos objectivos (colaterais) da perequação é o da "*obtenção pelos municípios de meios financeiros adicionais para a realização das infra-estruturas urbanísticas e para o pagamento de indemnizações por expropriação*".
6. Ainda neste sentido, partindo do RJUE, decorre claramente que o objectivo principal ou imediato da taxa pela realização de infra-estruturas urbanísticas é a *compensação aos municípios pelos gastos feitos com a execução deste tipo de infra-estruturas* (arruamentos, redes de abastecimento de água, gás e electricidade, redes de drenagem de esgotos, etc.). Este diploma assenta, pois, no princípio de que esta taxa não é determinada em função do aumento do valor ocorrido nos imóveis, especialmente nos terrenos, em consequência da realização das infra-estruturas urbanísticas, mas em função do seu *custo*. Aquela não é guiada pelo princípio da *recuperação do valor ou do benefício ocasionado pelas obras urbanísticas*, mas pelo princípio da *cobertura dos custos* das mesmas.

7. Não obstante isto, decorre, como vimos, do RJIGT que esta taxa não deixa de ter como fundamento ou como justificação as vantagens que os proprietários de terrenos obtiveram com as obras de urbanização ou com as infra-estruturas urbanísticas. É que a regra prevista no artigo 142.º assenta na ideia de que o custo das infra-estruturas terá de ser repartido pelos proprietários de acordo com as vantagens ou benefícios obtidos com as obras de urbanização, o que faz com que esta taxa esteja consagrada como um mecanismo que contribui, ainda que indirectamente, para uma recuperação, mesmo que parcial, pela comunidade municipal das mais valias provenientes das obras de urbanização realizadas pelos municípios nos prédios. E como estas são levados a cabo em obediência às disposições dos planos, há também uma relação entre a taxa cobrada e as vantagens obtidas pelos proprietários com os instrumentos de planeamento.
8. Para confirmar esta concepção da taxa pela realização de infra-estruturas urbanísticas como um mecanismo de perequação de benefícios e encargos decorrentes dos planos, basta atender à inserção sistemática do artigo 142.º no RJIGT ou seja, na Subsecção dedicada aos mecanismos de perequação compensatória exemplificativamente aí previstos.
10. Para além do mais, a própria alínea b) do n.º 5 do artigo 116.º do RJUE afirma claramente que o montante da taxa pela realização de infra-estruturas urbanísticas pode ser diferenciado em função dos usos e tipologias das edificações e, eventualmente, da respectiva localização e correspondentes infra-estruturas locais, donde resulta que a taxa, embora tenha a ver directamente com o impacto, em termos de sobrecarga, que as novas ocupações dos solos vão ter nas infra-estruturas existentes, tem também um objectivo de perequação dos benefícios e encargos decorrentes dos planos.
11. Podemos, pois, concluir, tendo em conta a nova legislação, que, embora a função directa da taxa pela realização de infra-estruturas urbanísticas seja a de compensar os municípios pelos custos decorrentes da sua realização, manutenção e reforço — não sendo, por isso, orientada directamente pelo

princípio da recuperação do benefício, ganho ou mais valia resultante do plano, mas pelo princípio da cobertura do custo —, pode a mesma igualmente contribuir, se bem que apenas indirectamente, para a atenuação ou redução das desigualdades de tratamento decorrentes dos planos.

D)

1. Neste caso, considerando, nos termos do artigo 6.º, n.º 2 do RJUE, que a construção de celeiros, pela sua natureza, dimensão e localização assumia escassa relevância urbanística, e inscrevendo essa dispensa no âmbito do Regulamento Municipal de Urbanização e de Edificação, à entidade competente seria vedado exigir o início de um procedimento de licenciamento ou autorização ou de requerer a cobrança de quaisquer taxas.
2. Ainda assim, determina o n.º 4 do artigo 6.º do RJUE, que as obras em causa ficam sujeitas ao procedimento de comunicação prévia, procedimento este que visa dar conhecimento à Administração municipal das intenções do proprietário, de modo a que esta possa aferir da conformidade das obras requeridas com aquelas que efectivamente foram objecto de dispensa por Regulamento Municipal (artigos 34.º a 36.º do RJUE).

Doutrina:

— Fernanda Paula OLIVEIRA/ Jorge CARVALHO, *Perequação, Taxas e Cedências: A Administração Urbanística em Portugal*, Coimbra, Almedina, 2003.
— Fernando Alves CORREIA, *O Plano Urbanístico e o Princípio da Igualdade*, Coimbra, Almedina, Reimpressão, 1997, p. 643 e ss.
— Recomendação do Provedor de Justiça n.º 12/A/03., publicada na *Revista Jurídica do Urbanismo e Ambiente*, N:º 20, Dezembro, 2003, p. 273 e ss.

Actos normativos:

— RJUE.
— RJIGT.
— Regulamento Geral das Edificações Urbanas.

Notas do leitor:

ANEXOS

ANEXO I

Despacho do Secretário de Estado do Ordenamento do Território e da Conservação da Natureza (SEOTCN)
de 20 de Novembro de 2000

O n.º 1 do art.º 117.º do Decreto-Lei n.º 380/99, de 22 de Setembro, determinou a suspensão dos procedimentos de informação prévia, de licenciamento ou de autorização nas áreas a abranger por novas regras urbanísticas constantes de plano municipal (PMOT) ou especial (PEOT) de ordenamento do território, desde o momento em que tais novas regras são submetidas a discussão pública e até à sua entrada em vigor, suspensão essa que, contudo, não pode perdurar por prazo superior a 150 dias (cfr. n.º 3 do art.º 117.º).

A *ratio legis* que explica esta disposição legal é, como bem se compreende, a de salvaguardar o efeito útil das novas regras urbanísticas preconizadas pelas autarquias locais, no caso dos PMOT, ou pela administração central, no caso dos PEOT, impedindo que as novas opções propostas, já formuladas e divulgadas, sejam entretanto comprometidas pela antecipada consolidação de situações jurídicas que as contrariem, ainda que ao abrigo do meio expedito que é o pedido de informação prévia.

Contudo, e porque se têm suscitado não poucas dúvidas sobre a referida disposição legal, mostra-se necessário precisar o exacto alcance do disposto no art.º 117.º, à luz da sua letra e do seu espírito.

Desde logo, importa notar que a suspensão imposta pelo n.º 1 do art.º 117.º se verifica apenas na "área a abranger" pelas "novas" regras urbanísticas e não na "área abrangida" pelo plano que se encontra em vias de alteração ou revisão — o que é coisa muito diferente.

Quer isto dizer que sendo submetido a discussão pública um projecto de alteração ou revisão de um plano municipal ou especial de ordenamento do território que contenha novas regras urbanísticas de aplicação geograficamente circunscrita, é apenas na "área" à qual se destinam essas novas regras que se verifica a suspensão e não em toda a área em que é aplicável o plano que se pretende alterar ou rever.

Por outro lado, mesmo na área a abranger pelas regras urbanísticas propostas, não deve haver lugar à suspensão quando essas regras não sejam verdadeiramente "novas" ou inovadoras, ou seja, quando o seu conteúdo não determine para o pedido concretamente formulado uma apreciação diferente daquela que se impõe face às regras urbanísticas em vigor.

Isto é, não pretendeu certamente o legislador, nem faria sentido, que se suspendessem procedimentos cuja decisão à luz do plano em vigor seria idêntica aquela que resultaria da aplicação das regras urbanísticas propostas. Na verdade, nesses casos a — suspensão — que não é, para o legislador, um fim em si mesmo — não teria qualquer vantagem do ponto de vista da salvaguarda do efeito útil das previsíveis regras urbanísticas futuras.

É certo que a versão final do plano pode, designadamente em resultado da discussão pública, conter regras urbanísticas de teor diferente ou até oposto daquele que consta das regras propostas. Do mesmo modo, pode a versão final do plano incluir regras urbanísticas para áreas de todo não abrangidas pela proposta submetida a discussão pública.

Contudo, é muito claro que o legislador, podendo fazê-lo, não estabeleceu a suspensão em toda a "área abrangida pelos planos" a alterar ou a rever e com isso renunciou a paralisar procedimentos quando não está suficientemente indiciada a utilidade da sua suspensão. Para tanto, o legislador optou por circunscrever a suspensão à "área a abranger pelas novas regras urbanísticas", área essa que, ao tempo em que a suspensão deve começar a produzir efeitos, só pode ser recortada à luz das regras propostas para discussão pública.

Ora, se as regras propostas relevam para determinar a área geográfica da suspensão, permitindo que a mesma se contenha dentro dos limites do razoável e do necessário, pela mesma razão releva o conteúdo dessas regras quanto ao facto de serem ou não "novas", no sentido de o seu conteúdo inovar na apreciação que deva ser feita de determinado pedido. Na verdade, não se encontrando tal "novidade" nas regras propostas, não está preenchido um dos requisitos da suspensão impostos pelo n.º 1 do art.º 117.º e isto, muito coerentemente porque também aqui não está suficientemente indiciada qualquer utilidade de tal suspensão.

Pelo contrário, quer no caso de áreas intocadas pelas regras urbanísticas propostas, quer no caso em que essas regras em nada alteram a apreciação que deva fazer-se de determinado pedido, o teor do projecto submetido a discussão pública indicia fortemente a inutilidade da suspensão que, a existir, provocaria uma paralisia de procedimentos de proporções que excederiam em muito o que se mostra justo e razoável, ao arrepio da letra e do espírito do n.º 1 do art.º 117.º do Decreto-Lei n.º 380/99, de 22 de Setembro.

Note-se, no entanto, que isto não significa que se deva cristalizar eternamente o âmbito da suspensão em função do teor das regras submetidas a discussão pública, porque uma vez aprovada, a versão final do plano pela entidade competente pode bem acontecer que algumas das regras propostas sejam abandonadas e outras introduzidas. O acto de aprovação do plano há-de revelar, portanto, com mais rigor, as novas regras urbanísticas cuja salvaguarda reclama efectivamente a imediata suspensão preventiva dos procedimentos em causa. Assim, o âmbito da suspensão na área a abranger pelas novas regras urbanísticas afere-se, inicialmente, à luz do projecto submetido a discussão pública, devendo ser actualizado de acordo com as novas regras urbanísticas que constem da versão final do plano aprovado pela entidade competente.

Finalmente, cumpre recordar que, por determinação expressa do próprio n.º 4 do art.º 117.º, não se suspende também o procedimento "quando o pedido tenha por objecto obras de reconstrução ou de alteração em edificações existentes". Para isso, porém, é necessário que se verifique uma das duas condições: i) tais obras não originem ou agravem desconformidade com as normas em vigor, ou ii) tais obras tenham como resultado a melhoria das condições de segurança e de salubridade da edificação.

Nestes termos, deve o art.º 117.º do Decreto-Lei n.º 380/99, de 22 de Setembro, ser interpretado da seguinte forma:
    1. A suspensão dos procedimentos de informação prévia, de licenciamento e de autorização prevista, no n.º 1 do art.º 117.º

verifica-se apenas na área em que respeitem as novas regras urbanísticas e não em toda a área em que é aplicável o plano municipal ou especial de ordenamento do território que se pretende alterar ou rever.

2. Na área a abranger pelas novas regras urbanísticas, a suspensão apenas afecta os procedimentos de informação prévia, de licenciamento ou de autorização cujos pedidos teriam ao abrigo das novas regras urbanísticas uma decisão diferente daquela que se impõe face às regras urbanísticas em vigor.

3. O âmbito da suspensão afere-se à luz das regras urbanísticas submetidas a discussão pública, devendo ser actualizado em conformidade com as regras urbanísticas constantes da versão final do plano aprovada pela entidade competente.

4. Não se suspendem os procedimentos de informação prévia, de licenciamento ou de autorização quando o pedido tenha por objecto obras de reconstrução ou de alteração em edificações existentes, desde que tais obras não originem ou agravem desconformidade com as normas em vigor ou tenham como resultado a melhoria das condições de segurança e de salubridade da edificação.

ANEXO II
Despacho do Secretário de Estado Adjunto e do Ordenamento do Território (SEAOT)
de 25 de Novembro de 2002

1.º) Enquadramento

1. A propósito do início do período de discussão pública da proposta do Plano de Ordenamento da Orla Costeira Vilamoura/Vila Real de Santo António, solicita a Câmara Municipal de Loulé informação quanto ao sentido a atribuir às disposições contidas no art.º 117.º, n.ºs 1 a 6, do Decreto-lei n.º 380/99, de 22 de Setembro (Regime Jurídico dos Instrumentos de Gestão Territorial – RJIGT), de acordo com o qual nas áreas a abranger por novas regras urbanísticas constantes de planos especiais ou de planos municipais de ordenamento do território (PEOT's e PMOT's) ou da sua revisão, os procedimentos de informação prévia, de licenciamento e de autorização de operações urbanísticas se suspendem a partir da data fixada para o início do período de discussão pública e até à data fixada para o início do período de discussão pública e até à data da entrada em vigor daqueles instrumentos de planeamento ou da respectiva revisão.
2. Idêntica disposição se contém no art. 13.º do Regime Jurídico da Urbanização e da Edificação[1], que quanto à suspensão do procedimento municipal de informação prévia, licenciamento ou autorização remete para o regime contido no art. 117.º do RJIGT.
3. Tendo em conta que as mencionadas disposições foram objecto de despacho interpretativo do ex-Secretário de Estado do Ordenamento do Território e da Conservação da Natureza, de 20 de Novembro de 2000, questiona a Câmara Municipal de Loulé se se mantém idêntico entendimento.

---

[1] Decreto-Lei n.º 555/99, de 16 de Dezembro, com a redacção conferida pelo Decreto-Lei n.º 177/2001, de 4 de Junho.

4. Cumprirá referir, desde logo, que a posição a assumir quanto ao sentido a atribuir às mencionadas disposições legais, é extensível a qualquer plano especial de ordenamento do território, por isso, não só aos planos de ordenamento da orla costeira, como também, aos planos de ordenamento de albufeiras de águas públicas e aos planos de ordenamento das áreas protegidas[2], bem assim como aos planos municipais de ordenamento do território.

5. Por isso, afigura-se que as conclusões a alcançar em face do presente pedido de esclarecimento poderão constituir orientação genérica para todos os serviços com competência no âmbito dos procedimentos de elaboração e acompanhamento destes instrumentos de gestão territorial, v.g., direcções regionais do ambiente e do ordenamento do território[3], Instituto da Conservação da Natureza e Áreas Protegidas[4], e Instituto da Água[5].

2.º) Medidas cautelares dos planos especiais e dos planos municipais de ordenamento do território – fundamento

6. Relativamente aos instrumentos de gestão territorial directamente vinculativos dos particulares[6], o legislador estabeleceu dois tipos de medidas cautelares tendentes a evitar a alteração das circunstâncias e das condições de facto existentes no momento em que é decidida a elaboração do plano e que possam comprometer ou tornar mais difícil ou onerosa a sua execução[7].

---

[2] Art. 42.º, n.º 3, do RJIGT.
[3] Arts. 47.º, n.º 3, 75.º, n.º 7, e 78.º do RJIGT.
[4] Decreto-Lei 19/93, de 23 de Janeiro, e art. 19.º do Decreto-Lei n.º 309/93, de 2 de Setembro.
[5] Art. 7.º, n.º 1, do Decreto-Lei n.º 309/93, de 2 de Setembro.
[6] Art. 3.º, n.º 3, do RJIGT.
[7] Neste sentido, cfr. Fernando Alves Correia, Manual de Direito do Urbanismo, Vol. I, Coimbra, 2001, pp. 322 e segs.

7. Estas medidas cautelares são de duas espécies: as medidas preventivas[8] e a suspensão dos procedimentos de informação prévia, licenciamento ou autorização de operações urbanísticas.
8. Apenas cuidaremos, na presente análise, do segundo tipo de medidas, pese embora o fundamento de ambos ser o mesmo: a necessidade de garantir a execução dos planos que estabelecem o regime de uso, ocupação e transformação dos solos[9-10].
9. Em momento anterior ao da execução do plano, coloca-se o problema da elaboração das previsões urbanísticas. Ora, e como instrumento de limitação da discricionariedade planificatória, o procedimento de elaboração e aprovação dos planos é longo e complexo[11], o mesmo acontecendo relativamente aos procedimentos de alteração, revisão e suspensão[12].
10. A complexidade da fixação das soluções planificatórias acentua-se, não só pela necessidade da justa ponderação e concertação de interesses públicos conflituantes entre si e com interesses particulares, mas também, pela circunstância de a fixação do regime de gestão territorial assentar em juízos de prognose, ou de antecipação de um modelo de ordenamento do território que parte da consideração de um determinado número de factores que são, por natureza, mutáveis[13]: as

---

[8] Arts. 107.º a 117.º do RJIGT, e arts. 7.º a 13.º da Lei dos Solos, respectivamente quanto aos PMOT e quanto aos PEOT.

[9] Daí que as medidas cautelares só tenham aplicação quanto aos instrumentos de gestão territorial directamente vinculativos dos particulares, uma vez que apenas estes são susceptíveis de execução directa e imediata, sem interposição de outro plano, só estes conformam directa e imediatamente as faculdades compreendidas no *jus aedificandi*, porquanto contém normas que se referem a formas concretas de ocupação dos solos.

[10] Não cuidaremos na presente análise, também, das medidas preventivas a adoptar para as áreas a abranger por projectos de empreendimentos públicos (art. 7.º da Lei dos Solos).

[11] FERNANDO ALVES CORREIA, ob. cit., pp. 284 e segs.

[12] Nos termos, do disposto no art. 94.º do RJIGT, as alterações aos instrumentos de gestão territorial seguem, com as devidas adaptações, os procedimentos estabelecidos para a sua elaboração, aprovação, ratificação e publicação.

[13] Neste sentido cfr. FERNANDA PAULA OLIVEIRA, in <u>STUDIA JURIDICA.</u> 32,"*As medidas preventivas dos planos municipais de ordenamento do território -- Alguns aspectos do seu regime jurídico*", Coimbra, 1998, p. 35, ao referir-se à circunstância

características físicas, morfológicas e ecológicas do território e dos respectivos recursos naturais, a dinâmica geográfica e migratória, e as transformações económicas, sociais, culturais e ambientais.

11. Por tudo isto, o lapso temporal que medeia entre a decisão planificatória, seja de elaboração de um novo plano, seja da respectiva revisão, é longo, e a aplicação das regras existentes poderá condicionar ou comprometer as soluções em projecto.

12. Isto, uma vez que, com fundamento no princípio da irrectroactividade das normas não se pode antecipar a aplicação das novas regras urbanísticas e as decisões de licenciamento ou de autorização só podem ter por fundamento as regras válidas e eficazes à data da prática de tais actos permissivos, ou, pelo menos, da prática de qualquer acto constitutivo de direitos para o particular, v.g. a aprovação do projecto de arquitectura em sede de licenciamento municipal[14].

13. Desde a decisão de elaboração ou de revisão do plano até ao momento em que as novas regras entram em vigor, as disposições preexistentes continuam a produzir os seus efeitos jurídicos, e com base nelas podem ser aprovados projectos de transformação urbanística do solo que alterem a realidade existente no momento daquela decisão e com base na qual

---

de os juízos de prognose partirem de uma base concreta que é a situação de facto existente à data da elaboração do plano, pretendendo proceder à respectiva alteração, transformação ou manutenção.

[14] O princípio da irrectroactividade das regras dos planos urbanísticos sofre excepções no direito francês e no direito alemão. No primeiro caso, prevê- se a aplicação antecipada do POS em revisão, e no direito alemão prevê-se a possibilidade de serem aprovados projectos que, apesar de desrespeitarem o regime planificatório em vigor são aceites pelo novo plano. Parecem-nos estas soluções gravemente atentatórias do princípio da segurança jurídica, uma vez, que, sendo susceptíveis de funcionar em casos perfeitamente delimitados, designadamente quando se trate da aprovação de projectos de empreendimentos públicos, e em estados muito avançados do procedimento planificatório, não haverá certeza quanto às demais previsões que as disposições aplicadas antecipadamente venham a figurar no novo plano. Nestes casos, não se admitindo a realização da operação urbanística, o particular deverá ser indemnizado pelos prejuízos daí decorrentes.

foram efectuadas as opções entretanto acolhidas pelo projecto de plano ou pela sua revisão, comprometendo ou tornando mais onerosa a execução futura de tais opções.

14. Em resumo, poder-se-á dizer que as medidas cautelares funcionam como um mecanismo que se destina a fixar a situação de facto existente no momento em que se opta por iniciar a elaboração de um novo plano ou a sua revisão, com vista a conseguir-se a sua plena operatividade, uma vez entrado em vigor.

3.º) A suspensão da concessão de licenças no âmbito dos procedimentos de informação prévia, licenciamento e autorização de operações urbanísticas

15. Nos temos do já citado art. 13.º do RJUE e do art. 117.º, n.º 1, do RJIGT, os procedimentos de informação prévia, licenciamento ou autorização de operações urbanísticas ficam suspensos a partir da data fixada para o início do período de discussão de elaboração de PMOT's ou PEOT's ou das suas revisões e até à data da entrada em vigor dos novos instrumentos de planeamento ou da respectiva revisão, ou se esta ocorrer posteriormente, do termo do prazo de 150 dias a partir da data fixada para o início do período de discussão pública[15].

16. Assim, pode dizer-se que a suspensão durante este lapso temporal permite ao órgão decisor não exercer a competência que se lhe encontra legalmente cometida para decisão dos pedidos de informação prévia, licenciamento ou de autorização nos prazos legais para tanto fixados, sem que se produza a consequência inerente ao silêncio da Administração, isto é, o deferimento tácito do pedido[16] e sem que a omissão de decisão se possa considerar como renúncia ao exercício de competência, sancionada com a nulidade[17].

---

[15] Art. 11 7.º, n.º 3, 1.ª parte.
[16] Arts. 111.º e segs do RJUE.
[17] Art. 29.º, n.º 2, do Código do Procedimento Administrativo.

17. Cessando a suspensão do procedimento, com a entrada em vigor do plano municipal ou especial de ordenamento do território ou da sua revisão, o pedido de informação prévia, de licenciamento ou de autorização será decidido de acordo com as novas regras urbanísticas em vigor[18].
18. Caso as novas regras não entrem em vigor no prazo de 150 dias contados da data do início da discussão pública, cessa a suspensão dos procedimentos, devendo prosseguir a apreciação do pedido até à decisão final de acordo com as regras urbanísticas em vigor à data da sua prática[19].
19. Por seu turno, e nos termos do n.º 4, do art. 117.º do RJIGT, não se suspendem os procedimentos quando o pedido se reporte a obras de reconstrução ou de alteração de edificações existentes, desde que tais obras não originem ou agravem a desconformidade com as normas em vigor ou tenham como resultado a melhoria das condições de segurança e de salubridade da edificação.
20. Reflecte esta disposição o princípio da protecção do existente consagrado no art. 60.º do RJUE. Aí se dispõe que as edificações construídas ao abrigo do direito anterior e as utilizações respectivas não são afectadas por normas legais e regulamentares supervenientes (art. 60.º, n.º 1).
21. Por esta razão, a concessão de licença ou de autorização para a realização de obras de reconstrução ou de alteração das edificações não pode ser recusada com fundamento em normas legais ou regulamentares posteriores à construção originária, desde que tais obras não originem ou agravem a desconformidade com as normas em vigor, ou tenham como resultado a melhoria das condições de segurança ou de salubridade da edificação (art. 60.º, n.º 2, do RJUE).

---

[18] Art. 117.º, n.º, do RJIGT.

[19] Art. 117.º, n.º, 2.ª parte. Não é claro o sentido da expressão regras urbanísticas em vigor à data da sua prática, uma vez que o preceito não faz referência a qualquer acto susceptível de produzir efeitos no âmbito do procedimento. De todo o modo, ter-se-á de admitir que o legislador se quis referir à disciplina de planeamento em vigor no momento da decisão e que esta deverá coincidir com o momento da cessação da suspensão do procedimento.

22. Se assim é, não haveria motivo para que os respectivos procedimentos se suspendessem em caso de elaboração ou de revisão de plano municipal ou especial de ordenamento do território, uma vez que as novas regras urbanísticas não podem constituir fundamento do indeferimento do pedido reconstrução ou de alteração.

23. Outro caso em que não se opera a suspensão dos procedimentos de licenciamento ou de autorização, consiste na instrução do pedido com informação prévia favorável e dentro do prazo em que esta é constitutiva de direitos para os particulares e vinculativa para a Administração[20].

24. Assim se compreende, uma vez que o conteúdo da informação prévia favorável vincula as entidades competentes na decisão sobre um eventual pedido de licenciamento ou de autorização, desde que tal pedido seja apresentado no prazo de um ano a contar da data da notificação da mesma ao requerente, pelo que as regras urbanísticas decorrentes de novo plano municipal ou especial de ordenamento do território ou da sua revisão não são susceptíveis de se aplicar à decisão de licenciamento ou de autorização, pelo não se justifica suspender os procedimentos respectivos.

25. Por último, cumpre referir que quando haja lugar à suspensão dos procedimentos, o interessado pode apresentar novo requerimento com referência às regras do plano colocado em discussão pública, mas a decisão final fica condicionada à respectiva entrada em vigor, atendendo à possibilidade de tais regras virem ainda a sofrer ulteriores modificações até conclusão definitiva do procedimento[21], isto é, até à aprovação do plano pela entidade competente.

26. Neste caso, o requerente pode reformular a sua pretensão de acordo com a versão definitiva do plano, da mesma faculdade dispondo o particular que não haja apresentado novo requerimento no decurso do período de suspensão[22].

---

[20] Art. 17.º, n.º 4, do RJUE.
[21] Art. 117.º, n.º 5 do RJIGT.
[22] Art. 117.º, n.º 6 do RJIGT.

4.º) O despacho SEOTCN, de 20.11.2000 – dúvidas interpretativas

27. O despacho acima mencionado fixou regras interpretativas das disposições contidas no art. 117.º do RJIGT, constituindo, por isso, um regulamento interno que apenas vincula os serviços dependentes desta Secretaria de Estado, uma vez que, não tendo sido objecto de publicação, apresenta-se destituído de eficácia externa[23].

28. Importa, pois, apreciar as respectivas conclusões, a saber:

i) A suspensão dos procedimentos de informação prévia, de licenciamento e de autorização verifica-se apenas na área a que respeitam as novas regras urbanísticas e não em toda a área em que é aplicável o plano municipal ou especial de ordenamento do território que se pretende alterar ou rever.

ii) Mesmo na área a abranger pelas novas regras urbanísticas a suspensão apenas afecta os procedimentos cujos pedidos teriam ao abrigo das novas regras urbanísticas uma decisão diferente daquela que se impõe face às regras urbanísticas em vigor.

iii) O âmbito da suspensão afere-se à luz das regras urbanísticas submetidas a discussão pública, devendo ser actualizado em conformidade com as regras urbanísticas constantes da versão final do plano aprovado pela entidade competente.

iv) Não se suspendem os procedimentos de informação prévia, de licenciamento e de autorização quando o pedido tenha por objecto obras de reconstrução ou de alteração de edificações existentes, desde que tais obras não originam ou agravem a desconformidade com as normas em vigor ou tenham como resultado a melhoria das condições de segurança e de salubridade da edificação.

29. Importa, desde logo, quanto às conclusões enunciadas, ter em conta dois aspectos.

---

[23] Neste sentido, cfr. FERNANDO ALVES CORREIA, ob. cit., p. 339, nota 149.

30. A última orientação, em matéria *(iv)* de obras de reconstrução e de alteração decorre directa e imediatamente do disposto no art. 117.º, n.º 4, devendo ser interpretada, como acima se referiu, por recurso ao princípio de protecção do existente constante do art. 60.º do RJUE[24], pelo que não será objecto de apreciação detalhada na presente análise.
31. O segundo aspecto a ter em conta consiste na circunstância de o mencionado despacho, apenas ter tido em conta os procedimentos de revisão e de alteração[25], não cuidando dos casos da elaboração *ex novo* de regras urbanísticas, quer de planos especiais, quer de planos municipais, o que importará considerar.
32. Assim, no que se refere à circunstância de a suspensão dos procedimentos apenas incidir sobre a *(i) área a que respeitam as novas regras urbanísticas e não em toda a área em que é aplicável o plano municipal especial de ordenamento do território que se pretende alterar ou rever*, importa reformular os termos da questão.
33. Não se trata apenas da área territorial a abranger pelas novas regras urbanísticas constantes de plano a rever, mas também da área territorial sobre a qual vão incidir novos planos especiais ou municipais de ordenamento do território, e, por seu turno, a previsão normativa não contempla os procedimentos de alteração dos planos espe-ciais e de planos municipais, mas apenas de revisão.
34. Tratando-se de revisão de PEOT's ou de PMOT's[26] será de aceitar a supra mencionada orientação de que a suspensão apenas incide sobre os procedimentos cujas pretensões urbanísticas se situam na área geográfica a que respeitam as regras a rever.

---

[24] Cfr. a este propósito, a Informação n.º148/2002 (proc.11.22), objecto de despacho de concordância de Sua Excelência o Secretário de Estado Adjunto e do Ordenamento do Território, de 30.09.2002,

[25] Isto, pese embora o art. 117.º, n.º 1 apenas determinar a suspensão dos procedimentos em casos de revisão e não de alteração de PEOT's ou de PMOT's.

[26] Art. 98.º do RJIGT.

35. Com efeito, não há qualquer utilidade em suspender os procedimentos que não irão ser afectados por ulteriores modificações dos condicionalismos urbanísticos aplicáveis.
36. Tratando-se de medidas cautelares que incidem sobre as faculdades de aproveitamento urbanístico dos solos por parte dos particulares, impõe o princípio da proporcionalidade que o seu âmbito se limite ao indispensável para garantir a manutenção das circunstâncias e das condições de facto existentes no momento em que foi decidida a revisão do plano e para a área geográfica a abranger por tal procedimento de revisão.
37. Tendo em conta que ao procedimento de revisão são aplicáveis as regras estabelecidas para a elaboração e aprovação dos planos[27], a resolução do Conselho de Ministros que determina a revisão dos planos especiais[28] e a deliberação camarária que determina a revisão dos planos municipais[29], irão especificar a área geográfica sobre a qual incide tal procedimento.
38. Assim, dispõe-se quanto aos planos especiais que mencionado instrumento regulamentar do Governo deve indicar o âmbito territorial do plano a rever[30], idêntica conclusão sendo de alcançar quanto aos planos municipais, uma vez que se exige que a deliberação camarária que determina a elaboração e, por isso, a revisão dos PMOT's identifique e tenha em conta os planos, programas e projectos com incidência na área em causa[31].
39. Por seu turno, delimitada a área geográfica sobre a qual incide o procedimento de revisão, os resultados da discussão pública não irão alterar tais pressupostos, uma vez que os contributos das reclamações e sugestões dos particulares irão incidir sobre uma proposta de revisão com um âmbito territorial já definido.

---

[27] Art. 94.º do RJIGT.
[28] Art. 46.º, n.º 1 do RJIGT.
[29] Art. 74.º, n.º 1, do diploma citado.
[30] Art. 46.º, n.º 2, alínea d), do RJIGT.
[31] Art. 74.º, n.º 3, do diploma em análise.

40. Ainda no que concerne à área territorial a abranger pelas novas regras urbanísticas, importa considerar as situações em que é decidida a elaboração de um novo plano.

41. Assim é, uma vez que o âmbito espacial de aplicação das regras urbanísticas a constar dos instrumentos de gestão territorial não se compreende no poder discricionário da Administração, antes constitui um dos elementos da tipologia legal dos instrumentos de gestão territorial.

42. E isto mesmo quanto aos PEGT's, pese embora, em concreto o respectivo âmbito territorial ser variável e em função da amplitude e extensão territorial da área protegida, da albufeira da águas públicas, ou do troço da orla costeira a abranger por um plano de ordenamento.

43. Assim, no que se refere aos planos de ordenamento das áreas protegidas, estes incidem sobre a área como tal, classificada pelo respectivo decreto-regulamentar[32], e é em função da área a abranger por um regime específico de salvaguarda dos recursos e valores naturais a que se afere o âmbito territorial da suspensão dos procedimentos.

44. Por seu turno, quanto aos planos de ordenamento de albufeiras de águas públicas o respectivo âmbito espacial de aplicação dependerá da extensão ou da amplitude territorial da albufeira e da respectiva zona de protecção[33].

45. Por último, no que se refere aos planos de ordenamento da orla costeira estes incidem sobre a orla costeira, considerada esta como englobando as águas, respectivos leitos e margens, bem como uma faixa terrestre de protecção com a largura de 500 metros[34], no troço da orla costeira a abranger.

46. Assim, e quanto à elaboração de PEOT's será de concluir que se suspendem os procedimentos de informação prévia e de licenciamento que cujas pretensões se situam no interior do

---

[32] Art. 13.º do Decreto-Lei n.º 19/93, de 23 de Janeiro.

[33] Art. 2.º do Decreto-Lei n.º 502/71, de 18 de Novembro, e art. 7.º do Decreto-Regulamentar n.º 2/88, de 20 de Janeiro, com a redacção conferida pelo Decreto-Regulamentar n.º 37/91, de 23 de Julho.

[34] Art. 3.º do Decreto-Lei n.º 309/93, de 2 de Setembro.

perímetro da área protegida, na zona de protecção à albufeira de águas públicas e no leito e margem da orla costeira e respectiva zona terrestre de protecção.

47. Quanto ao âmbito espacial de aplicação dos PMOT's, o plano director municipal abarca todo o território do município a que respeita[35], e os planos de urbanização e os planos de pormenor abrangem uma parte especificada do território municipal.

48. Os primeiros definem a organização espacial de parte determinada do território municipal integrada no perímetro urbano que exija uma intervenção integrada de planeamento, e os segundos desenvolvem e concretizam propostas de organização espacial de qualquer área específica do território municipal[36].

49. Assim, e da mesma forma que quanto ao procedimento de revisão, a resolução do Conselho de Ministros que determina a elaboração de um plano especial e a deliberação camarária através da qual se decide elaborar um PMOT, irão indicar e definir a área territorial a abranger em função do tipo de plano acima descrito.

50. E também quanto ao procedimento de elaboração se pode concluir que os resultados da discussão pública em nada irão alterar tais pressupostos, porquanto mesmo admitindo, nos casos dos planos de urbanização e dos planos de pormenor, que da consulta pública pudesse resultar a pretensão de alteração dos limites territoriais da proposta, a ponderação por parte da câmara municipal implicaria novo procedimento de elaboração e acompanhamento, por forma a serem definidas as regras para a área territorial a abranger.

51. Prosseguindo na análise do despacho, consiste a segunda orientação na consideração de que *(ii) mesmo na área a abranger pelas novas regras urbanísticas a suspensão apenas afecta os procedimentos cujos pedidos teriam ao abrigo das novas regras urbanísticas uma decisão diferente daquela que se impõe face às regras urbanísticas em vigor.*

---

[35] Art. 84.º, n.º 1, do RJIGT.
[36] Arts. 87.º, n.º 1, e 90.º, respectivamente, do RJIGT.

52. Denota esta conclusão o aspecto acima mencionado quanto à circunstância de o despacho em análise apenas ter tido em consideração os procedimentos de revisão dos PEOT's e dos PMOT's.

53. Com efeito, se se tratar da elaboração *ex novo* de um plano especial ou de um plano municipal não será razoável pretender que as soluções materiais a introduzir não venham a alterar os condicionalismos urbanísticos e planificatórios pré-existentes.

54. Assim, dever-se-á concluir que sempre que se trate da discussão pública de regras constantes de um novo instrumento de gestão territorial se suspendem todos os procedimentos de informação prévia, licenciamento ou de autorização na área geográfica a abranger pela proposta de plano, e isto, uma vez que dos resultados da discussão pública podem resultar soluções urbanísticas e planificatórias não contempladas na proposta de plano.

55. Já quanto aos procedimentos de revisão não é possível sufragar o entendimento do mencionado despacho interpretativo.

56. Com efeito, da discussão pública pode resultar a alteração das soluções em projecto. Após tal período, e em face das reclamações e sugestões apresentadas pelos particulares, a entidade responsável pelo plano pondera os respectivos resultados e elabora a versão final da proposta para aprovação[37].

57. Se assim é, e mesmo que em face da proposta sujeita a discussão pública as regras urbanísticas que se aplicam a determinado procedimento não comportassem qualquer sentido inovador, desconhece-se se as mesmas não virão a sofrer modificações em resultado da discussão pública.

58. E, por outro lado, sempre se dirá que sustentar que sempre que o seu conteúdo em nada inove na apreciação que deva ser feita de determinada pretensão urbanística, significa negar que a interpretação das normas jurídicas deve ser efectuada de forma sistemática, e que as soluções a alcançar

---

[37] Arts. 48.º, n.º 5, e 77.º, n.º 8, do RJIGT.

podem depender da alteração de outras regras do mesmo conjunto normativo.
59. Por esta razão, entende-se que o legislador ao referir-se a novas regra urbanísticas constantes de plano municipal ou plano especial de ordenamento do território não pretendeu eleger o carácter inovador das soluções em projecto como o elemento decisivo para a suspensão dos procedimentos, até por que tal solução seria manifestamente inconveniente para o particular que na expectativa da manutenção de um procedimento, se visse confrontado, uma vez, aprovado o plano, com uma solução material que inviabilizasse a respectiva pretensão.
60. Mais, sempre se dirá que apenas a interpretação proposta é a mais adequada em face do instituto da revisão dos planos com eficácia plurisubjectiva e com a circunstância de a suspensão dos procedimentos apenas se aplicar às situações de revisão e não às de alteração destes instrumentos de gestão territorial[38].
61. Com efeito, a intenção do legislador é a de reservar o instituto da revisão para as modificações substanciais ou estruturais dos princípios dos planos, ao passo que a alteração tem por objecto modificações de âmbito limitado que não ponham em causa a coerência global do plano.
62. Assim, optou o legislador por admitir, nestes casos, que os interessados possam apresentar novo requerimento com referência às regras do plano colocado em discussão pública, condicionando, porém, a respectiva decisão à entrada em vigor de tais regras[39], o que não sucede nos procedimentos de alteração.

---

[38] Isto, pese embora a dificuldade em se retirar das disposições do RJIGT um critério legal de distinção entre as figuras da alteração e da revisão dos planos com eficácia plurisubjectiva, uma vez que são assimiláveis os pressupostos de facto destes dois institutos e da necessidade de se averiguar, em concreto, o conteúdo documental do plano para se concluir se a modificação proposta envolve, ou não, uma alteração dos respectivos objectivos fundamentais (arts. 93.º e 98.º do diploma citado). A este propósito, cfr. JOÃO MIRANDA, A dinâmica jurídica do planeamento territorial, Coimbra, 2002, pp. 211 e segs.

[39] Art. 117.º, n.º 5 do RJIGT.

63. Por último, quanto à circunstância de *(iii) o âmbito da suspensão se aferir à luz das regras urbanísticas submetidas a discussão pública, devendo ser actualizado em conformidade com as regras urbanísticas constantes da versão final do plano aprovado pela entidade competente*, não se vê qual o efeito útil que desta conclusão se possa extrair.

64. Aceitar este entendimento, significaria admitir a existência de um segundo momento de suspensão dos procedimentos, agora já não na fase em que a proposta de plano é submetida a discussão pública, mas no momento da sua aprovação pelo Conselho de Ministros, no caso dos planos especiais, e pela assembleia municipal, no que se refere aos planos municipais[40].

65. Ora, não parece ser esta a intenção do legislador, uma vez que se determina, de forma clara, a suspensão dos procedimentos na data fixada para o início do período de discussão pública, pelo que se deve entender que a mencionada conclusão não encontra qualquer correspondência na letra da lei.

66. E, por outro lado, acolher esta solução consistiria em introduzir, como acima se referiu, um elemento de incerteza para os particulares, confrontados na fase final do procedimento com a alteração dos condicionalismos enformadores da respectiva pretensão.

5.º) Os subprocedimentos no âmbito do procedimento de informação prévia, licenciamento ou autorização – as consultas a entidades exteriores ao município

67. Tanto no âmbito do procedimento de informação prévia[41], como de licenciamento[42] de operações urbanísticas, pode

---

[40] Arts. 49.º e 79.º, do RJIGT, respectivamente quanto aos PEOT's e quanto aos PMOT's.

[41] Art. 15.º do RJUE.

[42] Art. 19.º do RJUE. Assim não sucede nos procedimentos de autorização justamente porque este procedimento se caracteriza pela dispensa de consultas a entidades estranhas ao município (arts. 28.º a 33.º do RJUE).

haver lugar a consultas a entidades exteriores ao município que, nos termos da lei, devam emitir parecer, autorização ou aprovação relativamente às operações urbanísticas sujeitas a apreciação.

68. Tratam-se de subprocedimentos enxertados no procedimento de informação prévia ou de licenciamento municipal e que condicionam a validade da deliberação final, porquanto esta ficará afectada de ilegalidade insuprível sempre que seja preterida tal formalidade, bem como se se mostrar desconforme com o parecer vinculativo, a autorização ou a aprovação devida[43].

69. Importa, pois, determinar se a regra da suspensão dos procedimentos de informação prévia e de licenciamento também se aplica aos mencionados subprocedimentos.

70. Dúvidas não restam que se se suspende o procedimento de informação prévia e de licenciamento, o presidente da câmara não se encontra obrigado a promover tais consultas[44].

71. Questiona-se, porém, se nos casos em que é o interessado a solicitar directamente os pareceres, autorizações ou aprovações legalmente exigíveis junto das entidades competentes, estas podem legitimamente omitir a decisão.

72. A resposta parece não poder deixar de ser afirmativa. Em primeiro lugar, porque inexiste fundamento objectivo que permita conferir tratamento diferenciado às duas situações. Trata-se, em ambos os casos, de garantir a manutenção das circunstâncias de facto que possam obstar à execução do futuro plano ou da sua revisão e que justificam esta medida cautelar.

73. Por outro lado, não se vê qualquer utilidade na emissão de um parecer na pendência de um procedimento de discussão pública de regras urbanísticas susceptíveis de condicionar ou obstaculizar a pretensão do interessado, sempre que tais regras possam influenciar os fundamentos legais do parecer a

---

[43] Art. 68.º, alínea c), do RJUE.
[44] Art. 19.º, n.º 4.

emitir[45], ou constituam parâmetro de decisão da autorização ou aprovação solicitada.

74. Por isso se dispõe que nos casos em que seja o particular solicitar o parecer, autorização ou aprovação para efeitos de ulterior procedimento municipal de informação prévia, ou de licenciamento, a respectiva validade, depende da manutenção dos pressupostos de facto e de direito em que os mesmos se basearam[46].

75. Por outro lado, e uma vez que tais pareceres, autorizações e aprovações devem ser entregues com o requerimento inicial do pedido de informação prévia ou de licenciamento, não se vê a utilidade em o particular em promover directamente tais consultas, e vir a obter uma decisão que não é susceptível de ser utilizada em ulterior procedimento municipal de informação prévia ou de licenciamento, dada a intercorrente alteração dos pressupostos legais da decisão.

76. A solução a acolher, parece-nos, será a de considerar que o legislador ao referir-se à suspensão dos procedimentos de informação prévia e de licenciamento está a considerar o procedimento municipal na sua globalidade nele se englobando os subprocedimentos que condicionam a validade da decisão final.

77. Assim, será de admitir quanto a estes que o particular possa apresentar o pedido de parecer, autorização, ou aprovação com referência às regras colocadas em discussão pública, ficando a decisão final condicionada à entrada em vigor dessas regras[47].

6.º) Conclusões

78. Em face do que antecede importa concluir:

---

[45] Nos termos do art. 19.º, n.º 11, do RJUE, os pareceres só tem carácter vinculativo quando tal resulte da lei e desde que se fundamentem em condicionamentos legais e regulamentares.
[46] Art. 19.º, n.º 2, parte final, do RJUE.
[47] Art. 117.º, n.º 5, do RJIGT.

A) *relativamente aos instrumentos de gestão territorial directamente vinculativos dos particulares, PEOT's e PMOT's, e uma vez que apenas estes instrumentos de gestão territorial são susceptíveis de estabelecer formas concretas de ocupação do solo, susceptíveis de condicionar, directa e, imediatamente, as pretensões de aproveitamento urbanístico dos particulares;*
B) *o legislador estabeleceu como medida cautelar tendente a evitar a alteração das circunstâncias e das condições de facto existentes no momento em que é decidida a elaboração do plano e que possam comprometer ou tornar mais difícil ou onerosa a sua exe-cução, a suspensão dos procedimentos municipais de informação prévia, de licenciamento e de autorização;*
C) *justifica-se esta medida cautelar em função do lapso temporal que medeia entre a decisão planificatória e a entrada em vigor das novas regras urbanísticas, bem como pela circunstância de as disposições preexistentes continuarem a produzir os seus efeitos jurídicos, por força do princípio da irrectroactividade das normas;*
D) *daí que não devam ser aprovados projectos de transformação urbanística do solo que alterem a realidade existente no momento da decisão planificatória e com base na qual foram efectuadas as opções entretanto acolhidas pela proposta de plano ou pela sua revisão, comprometendo ou tornando mais onerosa a execução futura de tais opções;*
E) *nos termos do art. 117.º, n.º 1, do RJIGT, e do art. 93.º do RJUE, os procedimentos de informação prévia, de licenciamento ou de autorização de operações urbanísticas ficam suspensos a partir da data fixada para o início do período de discussão pública de novos PMOT's ou PEOT's ou das suas revisões e até à data da entrada em vigor destes instrumentos de planeamento ou da respectiva revisão, ou se esta ocorrer posteriormente, do termo do prazo, de 150 dias a partir da data fixa da para o início do período de discussão pública;*
F) *as excepções a esta regra consistem nos procedimentos em que o pedido se reporta a obras de reconstrução ou de alte-*

ração de edificações existentes, desde que tais obras não originem, ou agravem a desconformidade com as normas em vigor ou tenham como resultado a melhoria das condições de segurança e de salubridade da edificação, disposição que deve ser interpretada por recurso às regras constantes do art. 60.º do RJUE, no qual se consagra o princípio da protecção do existente;

G) *outra das excepções traduz-se na instrução do pedido de licenciamento ou de autorização com informação prévia favorável e dentro do prazo em que esta é constitutiva de direitos para os particulares e vinculativa para a Administração (art. 17.º, n.º 4, do RJUE);*

H) *quando haja lugar à suspensão dos procedimentos, o interessado pode apresentar novo requerimento com referência às regras do plano colocado em discussão pública, mas a decisão final fica condicionada à respectiva entrada em vigor, atendendo à possibilidade de tais regras virem ainda a sofrer ulteriores modificações até conclusão definitiva do procedimento, isto é até à aprovação do plano pela entidade competente;*

I) *neste caso, o requerente pode reformular a sua pretensão de acordo com a versão definitiva do plano, da mesma faculdade dispondo o particular que não haja apresentado novo requerimento no decurso do período de suspensão;*

J) *nas situações em que é colocada em discussão pública uma nova proposta de plano especial ou municipal de ordenamento do território, suspendem-se todos os procedimentos de informação prévia, de licenciamento e de autorização no respectivo âmbito espacial de aplicação, uma vez que não se pode pretender que as soluções materiais a introduzir não venham a alterar os condicionalismos urbanísticos e planificatórios preexistentes;*

K) *por seu turno, o âmbito espacial de aplicação das novas regras é definido pelo tipo de plano em questão uma vez que a respectiva área de intervenção é um dos elementos da tipologia legal de cada instrumento planificatório;*

L) *mesmo que se admita que a solução urbanística a proferir ao abrigo das novas regras em nada deferiria daquela que decorre das regras planificatórias em vigor no momento em que a proposta de plano é submetida a discussão pública, idêntica solução se impõe, porquanto se desconhece se as mesmas não irão comportar alterações em função dos resultados da discussão pública;*

M) *nos casos de revisão de PEOT's de PMOT's, a área territorial sobre que incide a suspensão dos procedimentos é definida pela resolução do Conselho de Ministros e pela deliberação camarária que decide desencadear tal procedimento de revisão, as quais especificam a área geográfica sobre, a qual incide tal procedimento no âmbito da área de intervenção do plano;*

N) *nestas situações suspendem-se, de igual forma, os procedimentos de informação prévia, de licenciamento ou de autorização, independentemente do carácter inovador das regras propostas;*

O) *isto, quer pela circunstância de poderem resultar alterações às propostas de revisão, em função das reclamações e sugestões apresentadas na discussão pública, quer por que a interpretação das normas jurídicas deve ser efectuada de forma sistemática, o que significa que as soluções a alcançar podem depender da alteração de outras regras do mesmo conjunto normativo;*

P) *apenas esta solução se compatibiliza com o conceito de revisão dos planos com eficácia subjectiva, a qual envolve uma reponderação global das regras de uso, ocupação e transformação do solo, e, por isso, a adopção de um novo modelo de gestão territorial;*

Q) *assim, não é o carácter inovador das regras propostas que determina o âmbito da suspensão, nem se pode admitir que este deva ser actualizado em função das regras constantes da versão final do plano aprovado pela entidade competente;*

R) *relativamente aos subprocedimentos de emissão de parecer, autorização ou aprovação no âmbito do procedimento de informação prévia ou de licenciamento municipal, deve-se concluir pela aplicação das disposições contidas no art. 117.º, n.ᵒˢ 1 a 6, do RJIGT, porquanto o legislador ao referir-se à suspensão dos procedimentos de informação prévia e de licenciamento está a considerar o procedimento municipal na sua globalidade, nele se englobando os subprocedimentos que condicionam a validade da decisão final.*

ANEXO III

Informação n.º 169/2002, emanada do gabinete do Secretário de Estado Adjunto e do Ordenamento do Território e homologada pelo próprio em 24 de Julho 2002

A Portaria n.º 1136/2001, de 25 de Setembro, elaborada ao abrigo do n.º 3 do artigo 128.º do Decreto-Lei n.º 555/99, de 16 de Dezembro, na redacção dada pelo Decreto-Lei n.º 177/2001, de 4 de Junho, estabelece os parâmetros mínimos para o dimensionamento das áreas destinadas a espaços verdes e de utilização colectiva, infra-estruturas viárias e equipamentos de utilização colectiva a preverem projectos de loteamento.

Considerando que têm sido perfilhados entendimentos divergentes quanto à conjugação do n.º 3 do artigo 128.º com o n.º 2 do artigo 43.º, ambos do Decreto-Lei n.º 555/99, de 16 de Dezembro, na redacção dada pelo Decreto-Lei n.º 177/2001, de 4 de Junho e sobre a vinculatividade ou não da mencionada Portaria em relação aos novos planos municipais de ordenamento do território em elaboração ou a elaborar;

Ponderados os pareceres jurídicos e técnicos emitidos e as conclusões alcançadas em reuniões realizadas pela Direcção-Geral do Ordenamento do Território e Desenvolvimento Urbano com as Comissões de Coordenação e Desenvolvimento Regional;

Assim, no uso das competências que me foram delegadas pelo Ministro das Cidades, Ordenamento d o Território e Ambiente, pelo Despacho n.º 9016/2003, de 21 de Abril, publicado no Diário da República, 2.ª série n.º 106, de 8 de Maio de 2003, determino:

Deve a aplicação do n.º 3 do artigo 128.º conjugado com o n.º 2 do artigo 43.º, ambos do Decreto-Lei n.º 555/99, de 16 de Dezembro, na redacção dada pelo Decreto-Lei n.º 177/2001, de 4 de Junho e da Portaria n.º 1136/2 001, d e 25 de Setembro, ser interpretada da seguinte forma:

1. Da conjugação do n.º 2 do artigo 43.º e do n.º 3 do artigo 128.º do Decreto-Lei n.º 555/99, de 16 de Dezembro, na redacção dada pelo Decreto-Lei n.º 177/2001, de 4 de Junho, resulta que são os Planos Municipais de Ordenamento do Território

que definem os parâmetros para o dimensionamento das áreas destinadas à implantação de espaços verdes e de utilização colectiva, infra-estruturas viárias e equipamentos.
2. A Portaria n.º 1136/2001, de 25 de Outubro, aplica-se ao licenciamento municipal de operações de loteamento, quando os planos sejam omissos nesta matéria ou quando não exista plano, resultando dos preceitos do Decreto-Lei n.º 555/99, de 16 de Dezembro e do preâmbulo da Portaria o seu carácter supletivo.
3. A intenção do legislador no n.º 3 do artigo 128.º do Decreto-Lei n.º 555/99, de 16 de Dezembro, foi acautelar a existência dessas áreas, fundamentais para a programação urbana, quando o planeamento fosse omisso ou não existisse de todo, e não impor uma uniformidade nacional que, atendendo à diversidade do território nacional e às assimetrias entre as diversas regiões do país, seria indesejável e pouco recomendável.
4. O n.º 2 d o artigo 43.º do Decreto-Lei n.º 555/99, de 16 de Dezembro, mais não é do que uma manifestação do princípio da hierarquia entre os vários instrumentos de gestão territorial, determinando a conformidade que deve existir entre os Planos Municipais de Ordenamento do Território com o Programa Nacional da Política de Ordenamento do Território (PNPOT) e os Planos Regionais de Ordenamento do Território (PROT), o que decorre já do regime instituído pelo Decreto-Lei n.º 380/99, 22 de Setembro, pelo que a introdução no corpo do artigo da necessidade de observância das directivas do PNPOT e dos Instrumentos de Desenvolvimento Territorial (PROT) não introduz nenhum dado novo, reforçando simplesmente a ideia de hierarquia entre os planos.
5. Contudo, existe a necessidade de estabelecer "standards" urbanísticos que não vinculem os municípios, mas que sejam elementos indicativos para os mesmos, entendendo-se por "standards" urbanísticos as determinações materiais de ordenamento estabelecidas pela lei, não com o objectivo de regular directamente o uso do solo e das construções, mas antes com a finalidade específica de estabelecer critérios de fundo de carácter indicativo para o planeamento urbanístico.

6. Os valores estabelecidos na Portaria, não obstante não vincularem os municípios, devem limitar o grau de discricionariedade que lhes cabe na actividade planificatória, servindo de elemento base, ajustável às características próprias de cada município e às suas necessidades.
7. Apesar do carácter supletivo da Portaria, ela deve ser entendida como elemento indicador em matéria de áreas destinadas a espaços verdes e de utilização colectiva, infra-estruturas viárias e equipamentos colectivos, cujos valores devem servir para os Municípios como ponto de referência para analisarem a questão, reportando-os ao seu território.
8. A fundamentação das soluções vertidas nos Planos Municipais de Ordenamento do Território que constam dos relatórios que acompanham os respectivos Planos assume uma acrescida importância porquanto é desse discurso justificativo das opções do planeamento que se retira o esclarecimento da motivação das mesmas, permitindo a reconstituição do "iter" cognoscitivo que determinou o conteúdo dos Planos.
9. Resulta de tudo o que foi exposto que os Municípios, no âmbito da sua liberdade planificatória, podem estabelecer parâmetros de dimensionamento de áreas para espaços verdes e de utilização colectiva, infra-estruturas viárias e equipamentos colectivos diversos dos estabelecidos na Portaria n.º 1136//2001, de 25 de Outubro, não obstante os valores estabelecidos na mesma funcionarem como valores "standards", pontos de referência de trabalho dos municípios. Assim, no relatório que acompanha o plano há um dever de fundamentação da desnecessidade ou impossibilidade de observar esses valores "standards" estabelecidos na referida Portaria.

O presente despacho deve ser comunicado às seguintes entidades:
– Direcção-Geral do Ordenamento do Território e Desenvolvimento Urbano;
– Comissões de Coordenação e Desenvolvimento Regional;
– Associação Nacional de Municípios Portugueses.

ANEXO IV

Informação n.º 112/DGS, de 14 de Abril de 2004, homologada pelo Director-Geral do Ordenamento do Território e Desenvolvimento Urbano em 19 de Maio de 2004, sobre a relevância das áreas integradas na REN para efeitos de cálculo de índice de construção

Na sequência do despacho do Exmo. Senhor Director Geral do Ordenamento do Território e do Desenvolvimento Urbano, no sentido de se responder à solicitação da Comissão de Coordenação e Desenvolvimento Regional de Lisboa e Vale do Tejo (CCDR, LVT), de forma a esclarecer o entendimento desta Direcção-Geral sobre o assunto referenciado em epígrafe, cumpre-nos informar o seguinte:

1. Por força do disposto no n.º 1 do artigo 71.º do Decreto-Lei n.º 380/99, de 22 de Setembro, o regime de uso do solo é definido nos planos municipais de ordenamento do território (PDM, PU ou PP), através da classificação e qualificação do mesmo.
2. O regime jurídico da Reserva Agrícola Nacional (RAN) é definido no Decreto-Lei n.º 196/89, de 14 de Junho[1].
3. A RAN é constituída pelo conjunto das áreas que, em virtude das suas características morfológicas, climatéricas e sociais, maiores potencialidades apresentam para a produção de bens agrícolas.
4. O regime jurídico da Reserva Ecológica Nacional (REN) é estabelecido no Decreto-Lei n.º 93/90, de 19 de Março[2].
5. A REN constitui uma estrutura biofísica básica e diversificada, que através do condicionamento à utilização de áreas com características ecológicas específicas, garante a protecção de ecossistemas e a permanência e intensificação dos processos biológicos indispensáveis ao enquadramento equilibrado das actividades humanas.

---

[1] Alterado pelo Decreto-Lei n.º 274/92, de 12 de Dezembro e pelo Decreto-Lei n.º 278/95, de 25 de Outubro.
[2] Alterado pelo Decreto-Lei n.º 316/90, de 13 de Outubro, pelo Decreto-Lei n.º 213/92, de 12 de Outubro, pelo Decreto-Lei n.º 79/95, de 20 de Abril e pelo Decreto-Lei n.º 203/2002, de 1 de Outubro.

6. Nos termos do previsto no artigo 8.º do Decreto-Lei n.º 196/89, de 14 de Junho, são proibidas uma série de acções que podem diminuir ou destruir as potencialidades agrícolas dos solos RAN, entre as quais, a construção de edifícios, e a realização de aterros ou escavações.
7. À luz do previsto no artigo 9.º do citado diploma legal, carecem de parecer prévio favorável da comissão regional de reserva agrícola todas as licenças, concessões, aprovações e autorizações administrativas relativas a determinadas utilizações não agrícolas dos solos RAN, carecendo nos termos do previsto no artigo 10.º de autorização da referida comissão, todas as utilizações não exclusivamente agrícolas de solos RAN não condicionadas pela lei geral.
8. A integração e exclusão de solos da REN compete ao Governo, por meio de publicação de resolução do Conselho de Ministros.
9. Nas áreas incluídas na REN são, em geral, proibidas todas as acções que se traduzam em operações de loteamento, obras de urbanização, construção de edifícios, obras hidráulicas, vias de comunicação, aterros, escavações e destruição do coberto vegetal, à excepção das previstas no n.º 2 do artigo 4.º do referido diploma legal.
10. Pese embora a RAN e a REN não configurem classificações do uso do solo, configuram restrições de utilidade pública ao referido uso, afectando o *jus aedificandi*, designadamente quando proíbem a edificação[3].
11. Tal não significa porém, a nosso ver, que a RAN e a REN sejam sempre consideradas de *per si* apenas como áreas *non aedificandi*, na medida em que, tal apenas sucede quando estamos perante situações de proibições absolutas do *jus aedificandi*.

---

[3] Nesse sentido acompanhamos totalmente SOFIA DE SEQUEIRA GALVÃO quando a propósito da REN refere que "...esse regime jurídico jamais tem o alcance de classificar ou qualificar o solo, nem o de definir índices ou parâmetros de ocupação e utilização do território (...) Prerrogativa exclusiva dos planos municipais de ordenamento do território (cf. Artigos 14.º a 15.º da Lei n.º48/98, de 11 de Agosto e artigos 71.º e 72.º do Decreto-Lei n.º 380/99, de 22 de Setembro)".

12. Configurando verdadeiras "...limitações externas à competência discricionária de planificação urbanística...", a RAN e a REN têm sido encaradas pela doutrina e pela jurisprudência dominantes como condicionantes ao uso do solo[4].
13. Com efeito, embora as proibições de edificabilidade na RAN e na REN sejam a regra, ambos os regimes comportam determinados desvios ou excepções, sujeitas à observação de apertados condicionalismos legais (cfr. artigo 9.º e 10.º do Decreto-Lei n.º 196/89, de 14 de Junho alterado pelo Decreto-Lei n.º 274/92, de 12 de Dezembro e artigo 4.º, n.º 2, do Decreto-Lei n.º 93/90, de 19 de Março).
14. De acordo com o regime jurídico dos instrumentos de gestão territorial em vigor, as áreas de RAN e de REN, devem constar das plantas de condicionantes dos planos municipais de ordenamento do território, integrando, no caso do plano director municipal, o próprio conteúdo material (cfr. alínea c), do n.º 1, do artigo 86.º, alínea c), do n.º 1, do artigo 89.º e alínea c), do n.º 1, do artigo 92.º, bem como alínea n), do artigo 85.º, do Decreto-Lei n.º 380/99, de 22 de Setembro).
15. De acordo com o Princípio da Legalidade, os regulamentos dos PDM encontram-se porém sujeitos ao princípio da prevalência da lei, da inderrogabilidade singular e da hierarquia das normas.
16. Resulta do disposto no n.º 6 do artigo 112.º da Constituição da República, que os regulamentos com eficácia externa, não podem interpretar, integrar, modificar, suspender ou revogar

---

[4] Cfr. MANUEL DAVID MASSENO, Da afectação de terrenos agrícolas no direito português: a Reserva Agrícola Nacional, in Revista Jurídica do Urbanismo e do Ambiente, n.º 4, 1995, p. 332; ANTÓNIO CORDEIRO, A Protecção de Terceiros, em face de decisões urbanísticas, p. 82. Cfr. e ainda JOÃO PACHECO DE AMORIM, Das relações entre a condicionante da RAN e os diversos instrumentos de planeamento urbanístico e ordenamento do território, in Revista Jurídica do Urbanismo e Ambiente, n.º 14, p. 242.

Jurisprudencialmente consulte-se Acórdão do Tribunal Constitucional n.º 20//2000, de 11 de Janeiro, publicado no Boletim do Ministério da Justiça, n.º 493, 2000, p. 85 e ss.

qualquer precedo legal, ou seja, têm de respeitar os regimes jurídicos da RAN e da REN[5].

17. Constata-se, porém, que apesar da maior parte de planos directores municipais remeterem em bloco, o regime de uso do solo das áreas integradas em RAN e REN para os respectivos regimes legais, alguns planos directores municipais, regulam os termos em que, nos termos daqueles regimes, se permite o aproveitamento urbanístico do uso dos solos.

18. Como é sabido, a doutrina dominante tem entendido que as autarquias podem, no exercício do seu poder regulamentar próprio, fazer acrescer às restrições dos regimes legais da RAN e da REN, novas disposições que com aquelas sejam compatíveis, podendo desse modo os planos municipais de ordenamento do território, configurar regulamentos *praeter legem*, mas não *contra-legem*[6].

19. Face ao exposto, afiguram-se-nos congruentes duas conclusões:
    i. a primeira é a de que, na ausência de disposição legal impeditiva, em qualquer um dos referidos regimes, se não pode concluir que o legislador não tenha querido contabilizar essas áreas no cálculo dos índices de construção, apesar de modo geral, tal edificação só ser permitida fora das áreas da RAN e da REN;
    ii. uma segunda conclusão é a que se prende com o facto de, nesse raciocínio, se dever ter em conta que apesar do legis-

---

[5] Ob. Cit. p. 252, e sobre o Princípio da legalidade e da prevalência da lei sobre o regulamento, Cadernos de Justiça Administrativa, n.º 8, p. 57.

[6] Cfr. MANUEL DAVID MASSENO, Da afectação de terrenos agrícolas no direito português: a Reserva Agrícola Nacional, *in* Revista Jurídica do Urbanismo e do Ambiente, n.º 4, 1995, p. 4; ANTÓNIO CORDEIRO, *A Protecção de Terceiros, em face de decisões urbanísticas*, p. 82. Cf e ainda JOÃO PACHECO DE AMORIM, Das relações entre a condicionante da RAN e os diversos instrumentos de planeamento urbanístico e ordenamento do território, *in* Revista Jurídica do Urbanismo e Ambiente, n.º 14, p. 252 e ss..

Jurisprudencialmente consulte-se Acórdão do Tribunal Constitucional n.º 20/2000, de 11 de Janeiro, publicado no Boletim do Ministério da Justiça, n.º 493, 2000, p. 85 e ss.

lador, nesses regimes especiais, ter como objectivo a preservação das referidas áreas de um eventual aproveitamento urbanístico, vetando toda e qualquer possibilidade de edificabilidade, situações haverá em que ocorrem excepções à regra.
20. Por outro lado, o facto de nos referidos regimes não se determinar de modo expresso se tais áreas entram para o cálculo dos índices urbanísticos, nomeadamente do índice de construção, prende-se exactamente com a natureza de restrição de utilidade pública ou de condicionante ao uso do solo, que os mesmos revestem, não se destinando, repita-se a definir o regime de uso do solo.
21. Não se poderá assim afirmar que a contabilização de tais áreas para aferição dos índices e parâmetros urbanísticos não é legalmente admitida.
22. Com efeito, afigura-se-nos que respeitando tal matéria ao regime do uso do solo de cada classe de espaço ou categoria, o legislador optou por tratar tal matéria no regime jurídico dos instrumentos de gestão territorial e no regime jurídico da urbanização e edificação, previstos respectivamente no Decreto-Lei n.º 380/99, de 22 de Setembro, e no Decreto-Lei n.º 555/99, de 16 de Dezembro.
23. De resto, talvez seja por essa mesma razão, que as supra mencionadas excepções apesar de poderem implicar uma alteração à utilização prevista, não implicam uma alteração ao uso do solo, o que só acontece por via da respectiva desafectação ou exclusão.
24. Na verdade, de acordo com a teoria da compatibilidade das utilizações afigura-se-nos que, não só tais áreas podem ser contabilizadas para cálculo dos índices e parâmetros urbanísticos, apesar da edificabilidade ser na maior parte das vezes apenas permitida fora das mesmas, como o aproveitamento urbanístico das áreas integradas na RAN e REN, desde que legalmente admissível, deve ser objecto de idêntica contabilização, salvo disposição expressa em contrário do plano.
25. Assim sendo, afigura-se-nos que ao abrigo da referida teoria, as equipas projectistas dos planos bem como as entidades

responsáveis pela respectiva elaboração e acompanhamento devem contabilizar as áreas de RAN e de REN, para efeitos de cálculo dos respectivos índices de edificabilidade assim como relativamente aos mecanismos de perequação dos planos, nos termos que decorrem da lei[7].

26. Com efeito, do ponto de vista técnico, os PDM costumam definir de forma genérica a definição de índice de construção, independentemente de fixarem índices diferenciados para as diferentes classes de espaços e respectivas categorias.

27. Entendemos assim que, na nossa ordem jurídica, não se regista um silêncio por parte do legislador, relativamente à possibilidade das áreas de RAN e de REN serem contabilizadas para cálculo do índice de edificabilidade, uma vez que tal matéria é tratada em sede do regime jurídico dos instrumentos de gestão territorial em vigor, nomeadamente na alínea j) do artigo 85.º, na alínea e) do artigo 88.º e na alínea d) do artigo 91.º do Decreto-Lei n.º 380/99, de 22 de Setembro.

28. De acordo com a definição de índice de construção constante do Vocabulário do Ordenamento do Território, da DGOTDU, o mesmo é um "multiplicador urbanístico correspondente ao quociente do somatório das áreas de construção e a superfí-

---

[7] Conforme refere ALVES CORREIA, na sua obra Código das Expropriações e outra legislação sobre Expropriações por Utilidade Pública, Lisboa, 1992, p. 23, por força do previsto no n.º 2 do artigo 26.º do anterior Código de Expropriações, aprovado pelo Decreto-Lei n.º 436/91, de 9 de Novembro, "Disposição inovadora é igualmente o n.º 2 do artigo 26.º. Nela se refere que no casos de expropriação de solos classificados como zona verde ou de lazer por um plano municipal de ordenamento do território plenamente eficaz, (...) o valor dos solos é calculado em função do valor médio das construções existentes ou que seja possível edificar nas parcelas situadas numa área envolvente cujo perímetro exterior se situe a 300 metros do limite da parcela expropriada. A lei manda, assim, atender no cálculo do valor dos solos destinados por um plano urbanístico a zonas verdes ou de lazer que venham a ser adquiridos pela Administração, por via da expropriação, a factores próximos dos estabelecidos para os terrenos aptos para construção."

A propósito da REN em sede de perequação, consulte-se também o referido autor em *Manual do Direito do Urbanismo*, Almedina, Coimbra, p. 486 e ss.

cie de referência onde se pretende aplicar de forma homogénea o índice"[8].

29. Assim sendo, não faz sentido que as áreas de RAN e de REN não sejam contabilizadas para esse efeito, pois o índice deve ser calculado com base na denominada superfície de referência.
30. Sabendo-se que o referido índice de construção pode ser bruto ou líquido, consoante se refira à totalidade da área objecto de intervenção, ou a parte da mesma, o facto de nas áreas de RAN e REN não ser admitida edificabilidade, não significa que as mesmas não possam ser contabilizadas para efeitos de cálculo de índices de construção.
31. Acresce que também assim o entendemos para efeitos de cálculo de áreas verdes e de infra-estruturas, bem como para efeitos de cálculo de áreas de cedência e compensações, em sede de operações de loteamento ou em sede de execução de planos, nomeadamente em sede de mecanismos de perequação.
32. Com efeito também aqui se aplica a máxima de interpretação da lei segundo a qual, *onde o legislador não distingue, não cabe ao intérprete distinguir.*
33. Admitindo porém, que com tal entendimento se corre o risco de concentrar excessivamente áreas de construção nas áreas não incluídas na RAN e na REN, bem como sobrecarregar a edificabilidade junto destas, desvirtuando os respectivos regimes, afigura-se-nos que tal dificuldade não procede como argumento demonstrativo da ilegalidade de tal entendimento, devendo antes ser utilizado para através de uma adequada ponderação, ser objecto de correcção por parte da entidade que elabora o plano.
34. Deverá assim o planificador ter em conta para aferição dos índices de edificabilidade de cada classe de espaço, as várias vicissitudes dos mesmos, nomeadamente a preexistência dessas condicionantes, casos em que se julga conveniente a previsão de um índice baixo, que evite o referido efeito perverso, através da introdução no regulamento do plano de

---

[8] Vocabulário do Ordenamento do Território, Colecção Informação, DGOTDU, 2000, p. 98.

disposições específicas que o contrariem (ex. disposições que incentivem o associativismo dos particulares para efeitos de promoção de operações urbanísticas)[9].

35. Concluímos assim, à semelhança de CLAUDIO MONTEIRO, que "... *ao permitir em termos perfeitamente excepcionais, a edificação em áreas incluídas na REN o legislador não pretendeu que tais áreas fossem, sem mais, excluídas do cálculo do índice de construção, o que, por si só não implica qualquer violação do regime da REN. Tal violação existirá apenas nos casos em que sendo a edificação permitida ela colida ou viole o previsto no n.º 2 do artigo 4.º do Decreto-Lei n.º 93/90, de 19 de Março.*"

36. Em conformidade com o entendimento constante da Acta da Reunião realizada em 15/10/2002, no Ministério das Cidades, do Ordenamento do Território e do Ambiente[10], afigura-se-nos que a aferição do cálculo dos índices e parâmetros urbanísticos dos planos deverá ser feita, caso a caso, em função das previsões legais dos planos municipais de ordenamento do território eficazes, aplicáveis à área objecto da operação urbanística a autorizar ou licenciar.

Conclusões:

I. A RAN e a REN jamais têm o alcance de classificar ou qualificar o solo, nem o de definir índices ou parâmetros de ocupação e utilização do território, prerrogativa exclusiva dos planos municipais de ordenamento do território;

---

[9] Veja-se o disposto na alínea f), do n.º 6, do artigo 67.º, do regulamento do PDM de Sesimbra e o disposto na alínea h), do n.º 2, do artigo 36.º, do Plano Director Municipal de Lagoa.

De acordo com esta última disposição legal:

"h) O proprietário de cada parcela ou prédio inserido em áreas de aptidão turística poderá participar na realização dos núcleos de desenvolvimento turístico mediante uma quota equivalente à área da sua parcela ou prédio, independentemente da classificação do terreno como integrado em áreas naturais de nível 1 ou de nível 2 (áreas de REN e de RAN)."

[10] cf. N.º 7 da Acta junta em anexo.

II. Constata-se, porém, que apesar da maior parte de planos directores municipais remeterem em bloco, o regime de uso do solo das áreas integradas em RAN e REN para os respectivos regimes legais, alguns planos directores municipais, regulam os termos em que, nos termos daqueles regimes, se permite o aproveitamento urbanístico do uso dos solos.

III. A doutrina dominante tem entendido que as autarquias podem, no exercício do seu poder regulamentar próprio, fazer acrescer às restrições dos regimes legais da RAN e da REN, novas disposições que com aquelas sejam compatíveis, podendo desse modo os planos municipais de ordenamento do território, configurar regulamentos *praeter legem*, mas não *contra-legem*;

IV. Não se pode assim afirmar que a contabilização de tais áreas para aferição dos índices e parâmetros urbanísticos não é legalmente admitida;

V. Na nossa ordem jurídica, não se regista um silêncio por parte do legislador, relativamente à possibilidade das áreas de RAN e de REN serem contabilizadas para cálculo do índice de edificabilidade, uma vez que tal matéria é tratada em sede do regime jurídico dos instrumentos de gestão territorial em vigor, nomeadamente na alínea j) do artigo 85.º, na alínea e) do artigo 88.º e na alínea d) do artigo 91.º do Decreto-Lei n.º 380/99, de 22 de Setembro.

VI. Ao abrigo da teoria da compatibilidade das utilizações, as equipas projectistas dos planos bem como as entidades responsáveis pela respectiva elaboração e acompanhamento devem contabilizar as áreas de RAN e de REN, para efeitos de cálculo dos respectivos índices de edificabilidade assim como relativamente aos mecanismos de perequação dos planos, nos termos que decorrem da lei.

VII. A equipa projectista do plano deverá também optar pela adopção de índices de construção baixos nas áreas que incluam RAN e REN por forma a evitar a sobrecarga de edificabilidade nas áreas não inseridas na RAN e na REN, bem como introduzir, em sede de regulamentação do plano, disposições específicas que contrariem tal efeito (Ex. disposições que incentivem o associativismo dos particulares para efeitos de promoção de operações urbanísticas).

VIII. *"Ao permitir em termos perfeitamente excepcionais, a edificação em áreas incluídas na REN o legislador não pretendeu que tais áreas fossem, sem mais, excluídas do cálculo do índice de construção, o que, por si só não implica qualquer violação do regime da REN. Tal violação existirá apenas nos casos em que sendo a edificação permitida ela colida ou viole o previsto no n.º 2 do artigo 4.º do Decreto-Lei n.º93/90, de 19 de Março."*

IX. A aferição do cálculo dos índices e parâmetros urbanísticos dos planos deverá ser apreciada, caso a caso, em função das previsões legais, bem como das disposições regulamentares dos planos municipais de ordenamento do território eficazes, aplicáveis à área objecto da operação urbanística a autorizar ou licenciar.

X. Na ausência de norma regulamentar do PDM em contrário, as áreas de RAN e de REN, podem ser contabilizadas para efeitos de aferição dos índices e parâmetros urbanísticos.

ÍNDICE IDEOGRÁFICO

- Alteração ao loteamento
  - Caso práticos n.º 1; 34.
- Alvará
  - Caso prático n.º 41.
- Aquisição por via do direito privado (expropriação)
  - Casos práticos n.º 25; 36.
- Caducidade da declaração de utilidade pública
  - Caso prático n.º 26.
- Cálculo de índices
  - Caso prático n.º 16.
- Comunicação prévia
  - Caso prático n.º 42.
- Contencioso
  - Casos práticos n.º 12; 13; 14; 18; 19; 22; 28; 36.
- Conteúdo dos planos
  - Caso prático n.º 15.
- Contratualização
  - Casos práticos n.º 5; 6; 37.
- Declaração de utilidade pública
  - Casos práticos n.º 5; 10; 23; 24; 26.
- Definição das normas aplicáveis
  - Casos práticos n.º 1; 6; 7; 12; 16; 35; 36; 41.
- Destaque
  - Caso prático n.º 33.

- Dinâmica dos planos (revisão, alteração, suspensão)
  - Casos práticos n.º 1; 3; 6; 7; 9; 10; 15.
- Eficácia jurídica dos instrumentos de gestão territorial
  - Casos práticos n.º 1; 9; 15.
- Embargo
  - Caso prático n.º 39.
- Expropriação amigável
  - Caso prático n.º 25.
- Expropriações do plano
  - Casos práticos n.º 7; 11; 12; 13; 28; 31; 34.
- Florestas
  - Caso prático n.º 14.
- Garantia do existente
  - Casos práticos n.º 6; 35; 36.
- Indemnização (por expropriação)
  - Casos práticos n.º 27; 28; 37.
- Informação prévia
  - Casos práticos n.º 29; 30; 31.
- Legalização
  - Casos práticos n.º 35; 39; 42.
- Loteamento
  - Casos práticos n.º 7; 21; 32; 33; 38.
- Medidas cautelares
  - Casos práticos n.º 7; 18; 19; 20; 29.

- Obras de edificação
  o Casos práticos n.º 36; 37.
- Parâmetros de dimensionamento
  o Caso prático n.º 8.
- Participação
  o Casos práticos n.º 5; 11; 12; 13.
- Património Cultural
  o Caso prático n.º 2.
- Perequação
  o Casos práticos n.º 13; 42.
- Planos Sectoriais
  o Casos práticos n.º 1; 4; 10.
- Ponderação de interesses
  o Casos práticos n.º 5; 6; 12; 28.
- Procedimento de elaboração dos planos
  o Casos práticos n.º 5; 7; 9; 11; 12.
- Projecto de arquitectura
  o Caso prático n.º 36.
- Propriedade horizontal
  o Caso prático n.º 32.
- Registo
  o Caso prático n.º 21.
- Relações entre instrumentos de gestão territorial
  o Casos práticos n.º 3; 9; 10; 14; 15.
- Renovação da declaração de utilidade pública
  o Caso prático n.º 26.
- Reparcelamento
  o Caso prático n.º 21.
- Requisição
  o Caso prático n.º 24.
- Reserva Agrícola Nacional
  o Casos práticos n.º 3; 16; 28; 33.
- Reserva de direitos de terceiros
  o Caso prático n.º 38.
- Reserva de urbanização
  o Caso prático n.º 7.
- Reserva Ecológica Nacional
  o Casos práticos n.º 1; 3; 16; 30.
- Resolução de expropriar
  o Casos práticos n.º 22; 27.
- Reversão
  o Caso prático n.º 25.
- Servidões e restrições de utilidade pública
  o Casos práticos n.º 1; 2; 3; 4.
- Servidões *non aedifcandi*
  o Caso prático n.º 27.
- Taxas
  o Casos práticos n.º 34; 40; 41; 42.
- Unidades de execução
  o Caso prático n.º 7.
- Violação dos planos (consequências)
  o Caso prático n.º 17.
- Zona de protecção
  o Caso prático n.º 2.

ÍNDICE

Nota das Autoras 5

Abreviaturas 7

I. Servidões e Restrições de Utilidade Pública

Caso prático n.º 1: "Flower power" 11

Caso prático n.º 2: Boavida na Quinta do Chafariz 15

Caso prático n.º 3: Uma "tacada" no Ambiente 19

Caso prático n.º 4: O voo escaldante do Milhafre 22

II. Instrumentos de Gestão Territorial

Caso prático n.º 5: Os interesses urbanísticos na mesa de jogo 31

Caso prático n.º 6: Há "Marimar" há ir e voltar 34

Caso prático n.º 7: "Sófrangos" no planeamento 38

Caso prático n.º 8: A dimensão não conta, mas a qualidade... do urbanismo 46

Caso prático n.º 9: Entendam-se de vez! 50

Caso prático n.º 10: Dos caminhos da discórdia aos caminhos da concórdia 53

Caso prático n.º 11: A repetição do devido 56

Caso prático n.º 12: A Ressurreição... da ponderação! 61

Caso prático n.º 13: Os direitos dos interessados "Preto no Branco" 66

Caso prático n.º 14: Tão difusos que estes interesses são! 69

Caso prático n.º 15: Salada russa. *Quid iuris?* 72

Caso prático n.º 16: A "confusão" no cálculo de índices 77

Caso Prático n.º 17: Lei dura, solução "mole" 80

Caso prático n.º 18: "Contra-Natura" em defesa da natureza ... 84

Caso prático n.º 19: Estás suspenso, não intimas! 87
Caso prático n.º 20: Brízida e a "Barca da Cautela" 90
Caso prático n.º 21: Azelhices no acto de Registo 92

III. Expropriações por Utilidade Pública
Caso prático n.º 22: Ó Custódio, vais ter muito que penar!...... 99
Caso prático n.º 23: As provações de Ulisses 104
Caso prático n.º 24: E a expectativa murchou… 106
Caso prático n.º 25: Da cruz à salvação 110
Caso prático n.º 26: A morte a ressureição da expropriação 115
Caso prático n.º 27: Os prazeres da indemnização 118
Caso prático n.º 28: Manipulação e indemnização 123

IV. Regime Jurídico da Urbanização e Edificação

1. Informação prévia
Caso prático n.º 29: Uma lagoa de indefinição 133
Caso prático n.º 30: Nem com malandrices lá vai… 138
Caso prático n.º 31: Confronto de Titãs 141

2. Loteamentos
Caso prático n.º 32: União ou divisão: eis a questão! 147
Caso prático n.º 33: Destacar e lotear: vícios e virtudes 151
Caso prático n.º 34: Muda-se a casaca e o urbanismo na mesma 154

3. Obras de edificação
Caso prático n.º 35: O sabor amargo das regras urbanísticas ... 159
Caso prático n.º 36: O projecto de arquitectura… Riabaixo e Riacima.... 161
Caso prático n.º 37: E chove no molhado! 166
Caso prático n.º 38: A vizinhança janota do Janita 169
Caso prático n.º 39: Os azares do Fortunato 174

4. Taxas
Caso prático n.º 40: As despesas do lar 181
Caso prático n.º 41: *Tempus fugit* 183
Caso prático n.º 42: E quem paga é o Mexilhão! 187

Anexos

I — Despacho do Secretário do Estado do Ordenamento do Território e da Conservação da Natureza (SEOTCN) de 20 de Novembro de 2000.... 197

II — Despacho do Secretário de Estado Adjunto e do Ordenamento do Território (SEAOT) de 25 de Novembro de 2002 201

III — Informação n.º 169/2002, emanada do Gabinete do Secretário de Estado Adjunto e do Ordenamento do Território e homologada pelo próprio em 24 de Julho 2002 222

IV — Informação n.º 112/DGS de 14 de Abril de 2004, homologada pelo Director-Geral do Ordenamento do Território e Desenvolvimento Urbano em 19 de Maio de 2004, sobre a relevância das áreas integradas na REN para efeitos de cálculo de índice de construção 225

Índice ideográfico 235

Índice 237